დოქტორი ჯაეროკ ლი

მკურნალი ღმერთი

URIM BOOKS

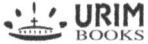

[უფალმა] თქვა, „თუ გაიგონებ უფლის, შენი ღვთის ხმას და სწორად მოიქცევი მის თვალში, ყურს დაუგდებ მის ბრძანებებს და დაიცავ ყველა მის წესს, არ შეგყრი არცერთ სენს, ეგვიპტეს რომ შევყარე, რადგან მე ვარ უფალი, შენი გამკურნებელი." (გამოსვლა 15:26)

მკურნალი ღმერთი დოქტორი ჯაეროკ ლისაგან
გამოქვეყნებულია ურიმ ბუქსის მიერ
(წარმომადგენელი: Johnny.H.kim)
73, Yeouidaebang-ro 22-gil, Dongjak-gu, სეული, კორეა
www.urimbooks.com

ყველა უფლება დაცულია. ეს წიგნი ან მისი ნაწილები არ შეიძლება იქნას გამრავლებული, შენახული საძიებო სისტემაში, ან გადაცემული ნებისმიერი ფორმით, ელექტრონული, მექანიკური თუ ფოტო კოპირებით. მხოლოდ წინასწარი წერილობითი ნებართვით რედაქტორისაგან.

ყველა ციტატა ამოღებულია ბიბლიის თარგმნის ინსტიტუტის რუსეთი/CIS ქართული ბიბლიიდან (2002). გამოყენებულია ნებართვით. გამოყენებულია ნებართვით.

საავტორო უფლება © 2014 დოქტორი ჯაეროკ ლისაგან
ISBN:
თარგმნის საავტორო უფლება © 2013 დოქტორი ესთერ კ. ჩუნგისგან. გამოყენებულია ნებართვით.

მანამდე გამოქვეყნებულია კორეულად 2010 წელს ურიმ ბუქსისგან.

პირველი გამოცემა 2016 წლის ნოემბერი

რედაქტირებულია დოქტორი გეუმსუნ ვინის მიერ
ილუსტრირებულია ურიმ ბუქსის სარედაქციო ბიუროს მიერ
დამატებითი ინფორმაციისათვის დაგვიკავშირდით:
urimbook@hotmail.com

მიმართვა პუბლიკაციაზე

რაც უფრო აგრძელებს მატერიალური ცივილიზაცია და კეთილდღეობა წინსვლასა და ზრდას, მით უფრო მეტ თავისუფალ დროს და საშუალებას იძენენ ადამიანები დღესდღეობით. უფრო მეტიც, იმისათვის, რომ ხალხმა უფრო ჯანმრთელსა და კომფორტულ ცხოვრებას მიაღწიოს, არ იშურებენ ფულსა და ქონებას მიიღონ სხვადასხვა სასარგებლო ინფორმაცია.

როგორც არ უნდა იყოს, ადამიანის სიცოცხლე, დაბერება და სიკვდილი უფლის სუვერენიტეტის ქვეშ არის, და მათ, ვერც ფულისა და ვერც ცოდნის ძალის საშუალებით ვერ გააკონტროლებ. გარდა ამისა, უდაო ფაქტია ის, რომ საუკუნეების მანძილზე ადამიანის მიერ დაგროვილი და გამომუშავებული უაღრესად დახვეწილი სამედიცინო მეცნიერული ცოდნის მიუხედავად, პაციენტთა რიცხვი სტაბილურად იზრდება, რომლებიც უკურნებადი და ბოლო სტადიის სენით არიან შეპყრობილნი.

სამყაროს ისტორიის მანძილზე, უამრავი მორწმუნე და ბრძენი ადამიანი არსებობდა – ბუდასა და კონფუცის ჩათვლით – მაგრამ, ყოველი მათგანი ჩუმდებოდა,

როდესაც ისინი ამ საკითხს შეხვდებოდნენ და არცერთ მათგანს არ შეეძლო თავიდან აეცილებინა დაბერება, სნეულება, და სიკვდილი. ეს საკითხი მჭიდრო კავშირშია ცოდვასთან და კაცობრიობისთვის ხსნის მიღების საქმესთან, და ორივე პრობლემის გადაწყვეტის შესაძლებლობა, ადამიანის ძალას აღემატება.

დღესდღეობით, უამრავი საავადმყოფო და აფთიაქია, სადაც ხელი ადვილად მიგვიწვდება და როგორც წესი, ისინი მზად არიან ჩვენი საზოგადოება გახადონ ჯანმრთელი და უსნებოვნო. მიუხედავად ამისა, ჩვენი ორგანიზმი და მთლიანად სამყარო სავსეა სხვადასხვა დაავადებებით, რომლებიც ჩვეულებრივი სურდოდან, დაუდგენელი წყაროს და წარმოშობის დაავადებებში იზრდება, რომელთა წამალი არ არსებობს. ადამიანები სწრაფად გადაწყვეტენ ხოლმე, რომ ეს კლიმატის და გარეგანი ფაქტორების ბრალია, აღიქვამენ ამას როგორც ბუნებრივ და ფსიქოლოგიურ ფენომენს, და მიენდობიან ხოლმე წამლებსა და სამედიცინო ტექნოლოგიებს.

იმისათვის, რომ მივიღოთ ძირფესვიანი განკურნება და მივყვეთ ჯანმრთელ ცხოვრებას, თითოეულმა ჩვენთაგანმა უნდა შეიცნოს, თუ საიდან წარმოიშვა ეს დაავადებები და როგორ შეიძლება მათგან განკურნების მიღება. სახარებასა და ჭეშმარიტებას ორი მხარე აქვს: იმ ადამიანებისათვის, რომლებიც არ იწამებენ ამას, დაწესებულია წყევლა და სასჯელი, მაშინ როცა მათთვის, ვინც იწამებს ამ ორივეს, წყალობა და დღეგრძელობაა განკუთვნილი. უფლის ნებაა ეს, რომ სიმართლე იმალებოდეს იმ ადამიანთათვის, რომელიც ბრძენი და საზრიანია, ასევე უფლის ნებაა

ის, რომ ჭეშმარიტება გაცხადებულ იქნება ისეთი ადამიანებისათვის, ვინც ჩვილი ბალღებივით არიან მოწადინებულნი და უღებენ თავიანთ გულის კარებს ამას (ლუკა 10:21).

უფალი გულღიად შეპირდა წყალობას მათ, ვინც დაემორჩილება და იცხოვრებს მისი მცნებების შესაბამისად, ხოლო მათთვის, ვინც ეურჩება უფლის მცნებებს, მიევლინებათ სხვადასხვა ტიპის დაავადებები და წყევლა, როგორც ეს დეტალურადაა აღწერილი (2 რჯული 28:1-68).

ეს ნაშრომი უფლის სიტყვას ახსენებს ურწმუნოებს და ასევე მორწმუნეებსაც, რომლებიც ამას ზემოდან უცქერენ, ეს ნაშრომი მცდელობაა იმისი რომ, ასეთი ინდივიდები სწორ გზაზე დააყენოს, იმ გზაზე, რომელიც გათავისუფლებულია დაავადებებისა და სნეულებებისაგან.

თუკი თქვენ საზრდოს უფლის სიტყვის მიხედვით მოამზადებთ, მოუსმენთ, წაიკითხავთ და შეიცნობთ მას, მაშინ დაე იყოს ჯანმრთელობა და უსნებოვნება დიდსა თუ პატარაზე უფლის ხსნისა და განკურნების ძალით, დაე თქვენში და თქვენს ოჯახებში ჯანმრთელობა სუფევდეს, უფლის სახელით მე ვლოცულობ ამას!

ჯაეროკ ლი

სარჩევი

მიმართვა პუბლიკაციაზე

თავი 1

სნეულებათა სათავე და სხივი განკურნებისა 1

თავი 2

გინდა განიკურნო? 15

თავი 3

მკურნალი ღმერთი 37

თავი 4
მისი წულულებით ჩვენ განვიკურნეთ   53

თავი 5
უძლურებათა განკურნების ძალა   73

თავი 6
დემონით-შეპყრობილის განკურნების გზები   89

თავი 7
კეთროვანი ნაყამანის რწმენა და მორჩილება   109

თავი 1

სნეულებათა სათავე და სხივი განკურნებისა

მალაქია 4:2

ამოგიბრწყინდებათ, ჩემი სახელის მოშიშნო, მზე სიმართლისა და კურნება იქნება მის ფრთებზე; თქვენც გამოხვალთ და აკუნტრუშდებით ბაგის ხბოებივით.

სნეულებათა გამომწვევი მიზეზები

ხალხი, რომლებსაც სურთ უზრუნველ და ჯანმრთელ ცხოვრებას მისდევდეს მათი ამ სამყაროში ყოფნის დროს, იყენებს სხვადასხვა სახის საკვებს, რომელიც ცნობილია როგორც ჯანმრთელობისათვის სასარგებლო, და ისინი ამისათვის, ყურადღებას აქცევენ და მოიძიებენ ხოლმე საიდუმლო მეთოდებს. მიუხედავად მატერიალური ცივილიზაციისა და სამედიცინო მეცნიერების წინსვლისა, რეალობა არის ის, რომ ბოლო სტადიებისა და განუკურნებელი სენებისაგან მიღებული ტანჯვა არ აღმოიფხვრება.

არ შეიძლება ადამიანი დედამიწაზე არსებობის დროს ამ დაავადებების აგონიისაგან ხსნილ იქნეს?

ადამიანის უმეტესობა სწრაფად გადაწყვეტეს ხოლმე, რომ ეს კლიმატის და გარეგანი ფაქტორების ბრალია, აღიქვამს ამას როგორც ბუნებრივ და ფსიქოლოგიურ ფენომენს, და მიენდობა ხოლმე წამლებსა და სამედიცინო ტექნოლოგიებს. და თუკი დადგინდება ყველა დაავადებისა და სნეულების წყარო, მაშინ შესაძლებელია ყველა განიკურნოს მათგან.

ბიბლია ფუნდამენტალურ გზებს გვიჩვენებს, რომელთა მიყოლითაც ჩვენ შეგვიძლია უზრუნველ და უსნებოვნო ცხოვრებას მივსდიოთ, გვიჩვენებს განკურნების გზებს, მაშინაც კი, როდესაც ადამიანი დასნეულებულია.

[უფალმა] თქვა, „თუ გაიგონებ უფლის, შენი ღვთის ხმას და სწორად მოიქცევი მის თვალში, ყურს დაუგდებ

მის ბრძანებებს და დაიცავ ყველა მის წესს, არ შეგყრი არცერთ სენს, ეგვიპტეს რომ შევყარე, რადგან მე ვარ უფალი, შენი გამკურნებელი" (გამოსვლა 15:26).

ეს არის უფლის ჭეშმარიტად ბოძებული სიტყვა, რომელიც თითოეულ ჩვენგანზე აკონტროლებს ადამიანის სიცოცხლეს, სიკვდილს, წყევლასა და კურთხევას.

მაშ რა არის სენი და რატომ ავადდება ადამიანი ამ სენით? მედიცინური ტერმინით, „სენი" შეესაბამება შესატყვისს, რომელიც აღნიშნავს ორგანიზმის სხვადასხვა ნაწილის შეზღუდულ შესაძლებლობებს – ჯანმრთელობის უჩვეულო ან პარანორმალურ მდგომარეობას – და ძირითადად იწყება და ვითარდება ბაქტერიისაგან. სხვა სიტყვებით რომ ვთქვათ, სენი არის ორგანიზმის პარანორმალური მდგომარეობა, რომელიც მოძრაობაში მოჰყავს სნეულების გამომწვევ მომწამლავ ნივთიერებას ან ბაქტერიას.

გამოსვლა 9:8-9-ში აღწერილია პროცესი ციებ-ცხელებისა, რომელიც მივლენილ იქნა ეგვიპტეზე წყევლის სახით.

უთხრა უფალმა მოსეს და აარონს: აიღეთ სავსე პეშვი ქურის ნაცარი და ცისკენ ააფრქვიოს მოსემ ფარაონის თვალწინ. მტვრად მოეფინება იგი მთელს ეგვიპტის ქვეყანას და ყვავილის მუწუკებად გამოეყრება კაცსა და პირუტყვს მთელს ეგვიპტის ქვეყანაში."

გამოსვლა 11:4-7-ში, ჩვენ ვკითხულობთ თუ როგორ

გამოარჩევს უფალი ებრაელ ხალხს ეგვიპტელებისაგან. ებრაელ ხალხზე, რომლებიც ადიდებდნენ უფალს, არ იყო მივლენილი არანაირი წყევლა, მაშინ, როდესაც ეგვიპტელებს, რომლებიც არც ადიდებდნენ და არც უფლის მცნების მიხედვით ცხოვრობდნენ, მიევლინათ წყევლა თავიანთ პირველშობილებზე.

ბიბლიის მეშვეობით, ჩვენ ვიგებთ რომ დაავადებებიც კი უფლის სუვერენიტეტის ქვეშაა, და უფალი იცავს მათ დაავადებებისაგან, ვინც მას ადიდებს, ხოლო შეეყრებათ სნეულებანი მათ, ვინც სცოდავს, რადგან უფალი აქცევს ასეთ ინდივიდებს ზურგს.

მაშ რატომ არსებობს დაავადებები და სნეულებისაგან ტანჯვა? ნიშნავს კი ეს იმას, რომ შემოქმედმა ღმერთმა, სამყაროს შექმნის დროს ეს დაავადებები იმიტომ დააწესა რომ ადამიანს სნეულების შეყრის საფრთხეში ეცხოვრა? შემოქმედმა ღმერთმა შექმნა ადამიანი და იგი აკონტროლებს ყველაფერს სამყაროში სიკეთით, სიყვარულით და სამართლიანად.

მას შემდეგ რაც უფალმა კაცობრიობის არსებობისათვის შესაბამისი გარემო შექმნა (დაბადება 1:3-25), გააჩინა უფალმა კაცნი მის ხატად და მსგავსად, აკურთხა ისინი, და უბოძა მათ უმაღლესი თავისუფლება და ხელისუფლება.

დროთა განმავლობაში, ადამიანები თავისუფლად ეცემოდნენ უფლისმიერ ბოძებულ კურთხევას, მაშინ როცა ისინი უფლის მცნებებს ემორჩილებოდნენ, და ცხოვრობდნენ ისინი ედემის ბაღში, სადაც არ იყო არც ცრემლი და არც მწუხარება, არც ტანჯვა და არც

სნეულება. და როდესაც იხილა უფალმა რომ ყოველი, რაც მან შექმნა იყო კეთილი (დაბადება 1:31), მან კიდევ ერთი ბრძანება გასცა: „ყველა ხის ნაყოფი გეჭმევა ამ ბაღში; მხოლოდ კეთილის და ბოროტის შეცნობის ხის ნაყოფი არ შეჭამო, რადგან როგორც კი შეჭამ, მოკვდებით" (დაბადება 2:16-17).

თუმცა, როდესაც ცბიერმა გველმა შეამჩნია, რომ ადამიანებმა უფლის ეს ბრძანება კი არ ჩაიბეჭდეს ტვინში, არამედ დაუდევრად მოეკიდნენ ამას, მაშინ გველმა შეაცდინა პირველი კაცის, ადამის ცოლი – ევა. და როდესაც ადამმა და ევამ გასინჯეს ნაყოფი კეთილისა და ბოროტის შეცნობის ხიდან და ცოდვა ჩაიდინეს (დაბადება 3:1-6), მაშინ სიკვდილი შევიდა ადამიანში, როგორც უფალმა გააფრთხილა (რომაელთა 6:23).

დაუმორჩილებლობის ცოდვის ჩადენის და ადამიანის თავისი ცოდვების საზღაურად სიკვდილთან ზიარების შემდეგ, მოკვდა სული ადამიანში – თავისი მეუფე, რამაც გამოიწვია ადამიანისა და უფლის ერთობის შეწყვეტა. ისინი განდევნილ იქნენ ედემის ბაღიდან და იწყეს ცხოვრება ცრემლებსა და გასაჭირში, ტანჯვაში, სნეულებასა და სიკვდილში. და ვინაიდან მიწაზე ყოველი დაწყევლილი იყო, მიწამ გამოყო ძეძვი და ეკალი და მხოლოდ ოფლის დაღვრით შეეძლოთ ადამიანებს მოეპოვებინათ საკვები (დაბადება 3:16-24).

ამიტომაც, სნეულებათა მიზეზის საფუძველი წარმოიშვა ადამის მიერ ურჩობით ჩადენილი თავდაპირველი ცოდვიდან. თუკი ადამი არ ეურჩებოდა უფალს, მაშინ იგი არ იქნებოდა გამოდევნილი ედემის ბაღიდან და მთელი სიცოცხლის მანძილზე იცხოვრებდა

ჯანმრთელი ცხოვრებით. სხვა სიტყვებით რომ ვთქვათ, ერთი ადამიანის გამო, შეიქნა ყოველი ადამიანი ცოდვილი და ეზიარა უამრავი სახის დაავადების საფრთხეს და ტანჯვით ცხოვრებას. ცოდვის პრობლემის ამოხსნის გარეშე, რჯულის საქმით უფლის თვალში არავინ არ იწოდება მართლად (რომაელთა 3-20).

მზე სიმართლისა და მის ფრთებზე განკურნება

მალაქია 4:2 გვაუწყებს რომ, „ამოგიბრწყინდებათ, ჩემი სახელის მოშიშნო, მზე სიმართლისა და კურნება იქნება მის ფრთებზე; თქვენც გამოხვალთ და აკუნტრუშდებით ბაგის ხბოებივით." აქ „მზე სიმართლისა" აღნიშნავს მესიას.

კაცობრიობა განადგურებისაკენ მიმავალ გზას ედგა და იტანჯებოდა სნეულებებისაგან, უფალმა შეგვიბრალა და გაგვათავისუფლა ყოველი ცოდვისაგან იესო ქრისტეს მოვლენით, მისი ჯვარზე გაკვრისათვის მიცემით და იესოს სისხლის დაღვრით. ამიტომაც, იმ ადამიანებმა, ვინც მიიღეს იესო ქრისტე, ასევე მიიღეს შენდობა მათი ცოდვებისაგან, ეზომათ ხსნა, და ახლა გათავისუფლებულნი არიან დაავადებებისაგან და ეწევიან ჯანმრთელ ცხოვრებას. ყოველივეს დაწყევლის გამო, ადამიანს უხდებოდა დაავადებების საფრთხის ქვეშ ცხოვრება მანამ, სანამ სული ედგა, მაგრამ ახლა, უფლის სიყვარულითა და შემწყნარებლობით, გაიხსნა სნეულებებისაგან გათავისუფლებული გზისკენ მიმავალი კარებები.

როდესაც უფლის შვილი ცოდვას სისხლის დაღვრით აღუდგება წინ და ცხოვრობს მისი მცნებებით, უფალი მათ დაიფარავს მგზნებარე თვალით და დაიცავს სულიწმინდის ცეცხლოვანი გალავანით, რომ ჰაერში გაჟღენთილმა საწამლავმა არ შეაღწიოს ამ ადამიანთა ორგანიზმში. მაშინაც კი, როდესაც ადამიანი ლოგინად ჩავარდება, უფალი მოუშთავს დაავადებებს და განუკურნავს დაზიანებულ ადგილებს, თუკი იგი მოინანიებს ცოდვებს და თავის არჩეულ გზებს გადაუხვევს. ეს არის „მზე სიმართლისა“-თი განკურნება.

თანამედროვე მედიცინამ გამოიგონა ულტრაიისფერი თერაპია, რომელიც ფართოდ გამოიყენება სხვადასხვა დაავადებების თავიდან აცილებისა და განკურნებისათვის. ულტრაიისფერი სხივები ძალზედ ეფექტურია დიზინფექციისათვის და იწვევს ორგანიზმში ქიმიურ ცვლას. ამ თერაპიას შეუძლია გაანადგუროს კოლონჯის ბაცილების დაახლოებით 99%, დიფტერიტი, და დიზინერიული ბაცილები, ასევე ეფექტურია ტუბერკულიოზის, რაქიტის, ანემიის, რევმატიზმის და კანის დაავადებებისათვის. თუმცა ასეთი სასარგებლო და ძლიერმოქმედი საშუალებით მკურნალობა, როგორიც ულტრაიისფერი თერაპიაა, არ მოქმედებს ყველა სახის დაავადებებზე.

მხოლოდ ბიბლიაში აღწერილი „მზე სიმართლისა და მის ფრთებზე განკურნება“ არის ძალის სხივი, რომელსაც შეუძლია ყოველი დაავადების განკურნება. „მზე სიმართლისა და მის ფრთებზე განკურნების“ სხივები შეიძლება გამოყენებულ იქნეს ყველა ტიპის დაავადების განკურნებისათვის და ამის გამო ნებისმიერ ადამიანს

შეუძლია მისი გამოყენება, რადგან უფლის მიერ სამკურნალოდ გამოყენებული გზა, მართლაც რომ ჭეშმარიტი და სრულყოფილია, და აქედან გამომდინარე – საუკეთესო.

არც ისე დიდი ხანი იყო გასული ჩემი ეკლესიის დაფუძნებიდან, რომ ერთხელ ჩემთან, საკაცით მოიყვანეს პაციენტი, რომელიც სიკვდილის ზღვარზე იყო და იტანჯებოდა პარალიზისა და კიბოთი გამოწვეული აუტანელი ტკივილით. მას არ შეეძლო ლაპარაკი რადგან, მისი ენა გამაგრებულიყო და არ შეეძლო მოძრაობა მთელი სხეულის პარალიზის გამო. ვინაიდან ექიმებმა ფარ-ხმალი დაყარეს, პაციენტის ცოლმა, რომელსაც სწამდა უფლის ძალის, უბიძგა თავის ქმარს, რომ უფლისათვის მიენდო ყოველი. გაიაზრა რა ამ ადამიანმა, რომ საკუთარი სიცოცხლის შენარჩუნებისათვის უნდა მინდობილიყო და ჩაბღაუჭებოდა უფალს, პაციენტმა იწყო უფლის დიდება, მიუხედავად იმისა რომ იგი საწოლად იყო ჩავარდნილი და ასევე მისი ცოლიც გულითადად, რწმენაში და სიყვარულში შეანდობდა მას ღმერთს. როდესაც მე ამ ორის რწმენა დავინახე, მეც მხურვალედ ვიწყე ამ კაცისთვის ლოცვა. მალე, კაცი რომელიც უწინ გმობდა თავის ცოლს იესოს რწმენისთვის, გული კარები გაიღო და სინანულში ჩავარდა, და უფალმა მიუვლინა მკურნალი სხივი, დაუფარა სულიწმინდის ცეცხლით სხეული და განუწმინდა ორგანიზმი. ალილუია! და როდესაც დაავადების გამომწვევი მიზეზი მოშთობილ იქნა, კაცმა კვლავ იწყო სიარული და სირბილიც კი, და სრულიად გამოჯანმრთელდა. არ არის საჭირო აღწერო, თუ როგორ

ადიდეს მანმინის წევრებმა უფალი და განიხარეს უფლის გასაოცარი ძალით განკურნების თვითმხილველობით.

შენ, რომელიცა თაყვანს სცემ ჩემს სახელს

ჩვენი უფალი არის ყოვლისშემძლე, რომელმაც სიტყვით შექმნა ყოველივე მთელს სამყაროში და გააჩინა კაცი მტვრისაგან. და ვინაიდან ასეთი ღმერთი ჩვენი მამა გახდა, მაშინაც კი როდესაც ჩვენ ავად გავხდებით, თუკი მივენდობით მას რწმენით, იგი მოჰხედავს ჩვენს რწმენას და სიხარულით გაგვკურნავს. არაფერია ცუდი განიკურნო საავადმყოფოში, მაგრამ უფალი განიხარებს მისი შვილებით, რომლებსაც სწამთ უფლის ყოვლისმცოდნეობა და ყოვლისშემძლეობა, გულითადად მოიხმობენ მას, იღებენ განკურნებას და ადიდებენ უფალს.

2 მეფეთა 20:1-11-ში მოთხრობილია იუდეველთა მეფის, ხიზკიას ამბავი, რომელიც ავად გახდა როდესაც აშურელებმა დაიპყრეს მისი სამეფო, მაგრამ სამი დღის ლოცვის შემდეგ, მან სრული განკურნება მიიღო და ასევე განუხანგრძლივდა სიცოცხლე თხუთმეტი წლით.

წინასწარმეტყველ ესაიას პირით უფალმა მიუგო ხიზკიას „ანდერძი დაუტოვე შენს სახლს, რადგან კვდები, ვერ გადარჩები" (2 მეფეთა 20:1; ესაია 38:1). სხვა სიტყვებით რომ ვთქვათ, ხიზკიას გამოტანილი ჰქონდა სიკვდილის გასაჩენი, რომელიც აუწყებდა მას რომ მომზადებულიყო სიკვდილისათვის და ეანდერძა მისი ქონება თავისი სამეფოსა და ოჯახისათვის. თუმცა,

ხიზკიამ მაშინვე მიაპყრო სახე კედელს და დაიწყო უფლისადმი ლოცვა (2 მეფეთა 20:2). მეფე მიხვდა, რომ ეს დაავადებები ნაყოფი იყო მისი უფალთან ურთიერთობისა, ამიტომ უგულვებელყო ყოველი და გადაწყვიტა ელოცა.

და როდესაც ხიზკია მხურვალედ და ცრემლებით ლოცულობს, უფალი აუწყებს და ჰპირდება მას, „გავიგონე შენი ვედრება, დავინახე შენი ცრემლი და, აჰა, კიდევ თხუთმეტ წელიწადს შევმატებ შენს დღეებს. დაგიხსნი შენ და ამ ქალაქს აშურის მეფის ხელიდან და დავიფარავ ამ ქალაქს“ (ესაია 38:5-6). შეგვიძლია წარმოვიდგინოთ, თუ როგორ გულითადად და მხურვალედ ილოცა ხიზკიამ როდესაც უფალმა მიუგო „გავიგოონე შენი ვედრება, დავინახე შენი ცრემლები.“

უფალმა, რომელმაც მოისმინა ხიზკიას თხოვნა, სრულებით განკურნა მეფე, ისე რომ, მას სამ დღეში შეეძლო უფლის ტაძარს ხლებოდა. მეტიც, უფალმა განუხანგრძლივა ხიზკიას სიცოცხლე თხუთმეტი წლით, და როგორც ხიზკიასთვის სიცოცხლის ბოძების შემახსენებელი, უფალი იფარვიდა იერუსალიმის ქალაქი აშურელთა თავდასხმებისაგან.

ხიზკიამ კარგად იცოდა, რომ ადამიანის სიცოცხლე და სიკვდილი უფლის სუვერენიტეტის ქვეშ იყო, და უფლისადმი ლოცვა ყველაზე მნიშვნელოვანი რამ გახდა მისთვის. უფალი მოხარული იყო ხიზკიას მორჩილი გულითა და რწმენით, და შეჰპირდა მას განკურნებას, და როდესაც ხიზკიამ თვისი განკურნების ნიშნები მიიღო, უფალმა ათი საფეხურით უკან დააბრუნა ჩრდილი ახაზის საფეხურებზე, როდესაც იგი დაბლა ჩამოდიოდა

(2 მეფეთა 20:11). ჩვენი ღმერთი, მკურნალი და გონიერი უფალია, რომელიც უზობებს მათ, ვინაც ეძიებს.

საპირისპიროს ვაწყდებით 2 ნეშთთა 16:12-13-ში „თავისი მეფობის ოცდამეცხრამეტე წელს ასას ფეხები დაუსნეულდა. ძალზე მძიმე იყო მისი სენი, მაგრამ თავის სნეულებაშიც კი არ ეძებდა უფალს, არამედ მკურნალებს. განისვენა ასამ თავის მამა-პაპასთან; მოკვდა თავისი მეფობის ორმოცდამეერთე წელს." თავიდან, როდესაც იგი ტახტზე ავიდა, „სიმართლით იქცეოდა უფლის თვალში ასა მამამისის, დავითის მსგავსად" (1 მეფეთა 15:11). თავიდან იგი ბრძენი მმართველი იყო, მაგრამ თანდათან დაჰკარგა უფლისადმი რწმენა და იყო კაცთა მინდობა, შედეგად მეფე უფლის დახმარებას ვეღარ იღებდა.

როდესაც ისრაელის მეფე ბაყაშა იუდეაში შეიჭრა, ასა არამელთა მეფეს – ბენ-ჰადადს მიენდო და არა ღმერთს. ამისათვის ასას წინასწარმეტყველმა ხანანიმ საყვედური უთხრა, მაგრამ იმის ნაცვლად რომ თავისი გზიდან გადაეხვია, ასამ წინასწარმეტყველი დააპატიმრა და საკუთარი ხალხის ჩაგვრა დაიწყო (2 ნეშტთა 16:7-10).

მანამ, სანამ ასა არამელთა მეფეს მიენდობოდა, უფალი არამელთა ჯარით ხელს უშლიდა იუდეას დაპყრობას. ხოლო მას შემდეგ, რაც ასამ უფლის მაგივრად, არამელთა მეფეზე იწყო მინდობა, იუდეველთა მეფე ვეღარ იღებდა უფლისაგან დახმარებას. მეტიც, იგი არ იყო მოხარული ასას საქციელით, რომელიც დახმარებას უფალს კი არა, ხორციელ ადამიანებს სთხოვდა. ამიტომაც ასა გარდაიცვალა ორი წლის შემდეგ, მას მერე რაც ფეხზე სნეულება შეეყარა. მიუხედავად იმისა რომ ასა

უფლისადმი რწმენას აღიარებდა, ღმერთს აღარ შეეძლო მისთვის დახმარების გაწევა, რადგან მან საქმით არ გამოამჟღავნა ეს და არ მოუხმო უფალს.

უფლის მკურნებელ სხივს შეუძლია განკურნოს დაავადების ნებისმიერი ტიპი: პარალიზებულებს შეუძლიათ ადგნენ და გაიარონ, ბრმას უბრუნდება მხედველობა, ყრუს – სმენადობა, და მკვდარი უბრუნდება სიცოცხლეს. ამრიგად, ვინაიდან მკურნალ ღმერთს უსაზღვრო ძალა აქვს, დაავადების სიმძიმე უმნიშვნელოა. უფლისათვის ყველაფერი ერთია, იქნება ეს უბრალო გაციება, თუ ისეთი კრიტიკული დაავადება, როგორიც კიბოა. მნიშვნელოვანია მხოლოდ ის, თუ როგორი გულებით წავრდგებით უფლის წინაშე: ასას მსგავსი თუ ხიზკიას მსგავსი.

ეზიარე იესო ქრისტეს, მიიღე შენი ცოდვების პრობლემაზე პასუხი, მოხსენიებულ იქენი როგორც რწმენაში ჭეშმარიტი, გქონდეს მორჩილი გული და რწმენა, რომელსაც თან სდევს ხიზკიასნაირი საქციელი, მიიღე განკურნება ყოველი სენისა, და ყოველთვის იცხოვრე ჯანმრთელი ცხოვრებით, უფლის სახელით მე ვლოცულობ!

თავი 2

გინდა განიკურნო?

(იოანე 5:5-6

იყო იქ კაცი, რომელიც ოცდათვრამეტ წელიწადს იტანჯებოდა თავისი სენით. როცა იესომ მწოლარე იხილა იგი, მიხვდა, რომ დიდი ხანია ამ დღეში იყო, და უთხრა: გინდა განიკურნო?

გინდა განიკურნო?

უამრავი ადამიანთა შემთხვევაა, რომლებმაც არ იციან უფალი, მაგრამ შემდეგ ეძიებენ და ჰპოვებენ. ისინი, ვინც თავიანთ წმინდა რჯულს დაჰყვებიან, მიდიან უფალთან, მაშინ როდესაც სხვები უფალთან მას მერე მიდიან, რაც სახარებას უქადაგებენ. ზოგი პოულობს უფალს, მას მერე რაც სკეპტიკურად განეწყობა სიცოცხლის მიმართ ბიზნესში პრობლემებისა და ოჯახში უთანხმოების გამო. და მაინც, ზოგიერთები უფალთან მიდიან დაჟინებული გულით, აუტანელი ფიზიკური ტკივილით ტანჯვისა ან სიკვდილის შიშის განცდის შემდეგ.

და როგორც ინვალიდმა, რომელიც ბეთეზდას ავზთან ტკივილით იტანჯებოდა, შეავედრა თავისი სნეულება უფალს და მიიღო განკურნება, თქვენც ყველაზე უფრო უფლისგან უნდა გწადდეთ განკურნება.

იერუსალიმში, ცხვრის ჭიშკართან ახლოს, იყო ავზი, რომელსაც ებრაელები „ბეთეზდას“ ემახდნენ. ავზს გარს ეკრა ხუთი ბჭე, სადაც ბრმანი, კოჭლები და დავრდომილნი იკრიბებოდნენ და წვებოდნენ, რადგან ლეგენდის თანახმად, დროდა დრო ღმერთის ანგელოზი ჩამოდიოდა და აამღვრევდა წყალს. ასევე სჯეროდათ, რომ ვინც წყლის მღვრისას პირველი ჩავიდოდა ავზში, რომლის სახელიც ნიშნავს „წყალობის სახლს“, განიკურნებოდა ყოველი სნეულებისაგან.

როდესაც იესომ დაინახა დავრდომილი, რომელიც

ოცდათვრამეტი წელი ასეთ მდგომარეობაში იწვა ავზთან, იგი მიხვდა რომ ეს კაცი, დიდი ხანია ასე იტანჯებოდა, იესომ ჰკითხა მას, „გინდა განიკურნო?“ კაცმა უპასუხა, „უფალო, კაცი არა მყავს, რომ წყლის ძვრისას ჩამიშვას აუზში; ვიდრე მე მივალ, სხვა მასწრებს ჩასვლას“ (იოანე 5:7). ამ კაცმა აღიარა უფალი, რომელმაც დაინახა თუ როგორ გულითადად სწადდა მას განკურნება, მაგრამ არ შეეძლო ეს საკუთარი ძალისხმევით. უფალმა შეიცნო ამ კაცის გული და უთხრა მას „აღდეგ, აიღე შენი სარეცელი და წადი.“ და კაცი მაშინვე განიკურნა; აიღო თავისი ჭილობი და წავიდა (იოანე 5:8).

უნდა მიიღო იესო ქრისტე

როდესაც კაცი, რომელიც ოცდათვრამეტი წლის განმავლობაში დავრდომილი იყო შეხვდა იესოს, იგი მაშინვე განიკურნა. და რადგან მან იწამა იესო წრისტე, წყაროი სიცოცხლისაი, კაცს ყველა ცოდვა შეენდო და განიკურნა სენისაგან.

იტანჯება რომელიმე თქვენგანი რაიმე დაავადებით? თუკი თქვენ დაავადებებით იტანჯებით და გწადიათ წარდგეთ უფლის წინაშე და განიკურნოთ, პირველ რიგში თქვენ იესო ქრისტე უნდა იწამოთ, უნდა გახდეთ უფლის შვილი, და უნდა მიიღოთ შენდობა, რომ გადალახოთ თქვენსა და უფალს შორის არსებული ბარიერი.

უნდა გჯეროდეს, რომ უფალი ყოვლისმცოდნე და ყოვლისშემძლეა, და მას ნებისმიერი სასწაულის მოხდენა შეუძლია. უნდა გჯეროდეს რომ ჩვენი დაავადებებისაგან იესოს განწმენდით ვიქენით გამოსყიდულნი, და როდესაც იესო ქრისტეს სახელს ეძიებ, მიიღებ განკურნებას.

როდესაც ასეთი რწმენით შესთხოვ უფალს, იგი მოხედავს შენს ლოცვას და გამოავლენს განკურნების ძალას. არ აქვს მნიშვნელობა როგორი ხნიერი ხარ ან როგორი კრიტიკულია შენი სენი, აუცილებლად შეავედრე შენი დაავადების პრობლემები უფალს, და გახსოვდეს რომ შენ მაშინვე გამოჯანმრთელდები, როდესაც უფლის ძალით განიკურნები.

როდესაც მარკოზი 2-3-12-ში დამბლა დაცემული შეიტყობს, რომ იესო კაპერნაუმში მოვიდა, მან მოიწადინა იესოსთან მისვლა. ვინაიდან ამ კაცს გაგებული ჰქონდა იესო ქრისტეს შესახებ, რომელიც კურნავდა ადამიანებს სხვადასხვა დაავადებისაგან, განდევნიდა ბოროტ სულებს, და წამლობდა კეთრს, იფიქრა რომ თუკი ირწმუნებდა, ისიც განიკურნებოდა. როდესაც დავრდომილი მიხვდა რომ იესოს გარშემო შეკრებილი ხალხის სიმრავლის გამო ვერ შეძლებდა მასთან მიახლოებას, მაშინ მისი მეგობრების დახმარებით ახადეს იმ სახლის სახურავს თავი სადაც იესო იდგა და ჭერიდან ჩაუშვეს მისი სარეცელი იესოს წინ.

წარმოგიდგენიათ თუ როგორ სურდა დავრდომილს იესოს წინაშე წარდგომა, რომ ასეთი რამ მოიმოქმედა?

როგორი რეაქცია ჰქონდა იესოს, როდესაც მან დაინახა მეგობრების დახმარებით გამოვლენილი რწმენა ამ დავრდომილისა, რომელსაც არ შეეძლო ერთი ადგილიდან მეორეზე მისვლა და ხალხის სიმრავლის გამო გადაადგილება? იესომ დავრდომილი თავისი ცუდი საქციელის გამო კი არ გაკიცხა, არამედ უთხრა, „შვილო, მოგეტევა შენ ცოდვები“, და მაშინვე მისცა მას ნება ამდგარიყო და გაევლო.

იგავნი 8:17-ში უფალი გვეუბნება, „მიყვარს ჩემი მოყვარულნი და მიპოვნიან ჩემი მძებნელნი;“ თუკი შენ გსურს სნეულების ტანჯვისაგან განთავისუფლება, პირველ რიგში, გულითადად უნდა მოიწადინო ეს, მიიღო იესო ქრისტე და დაიჯერო უფლის ძალა, რომელსაც ყოველი დაავადების პრობლემის გადაჭრა შეუძლია.

უნდა დაანგრიო ცოდვის კედელი

არ აქვს მნიშვნელობა თუ რამდენად გჯერა იმის, რომ შეიძლება უფლის ძალით განიკურნო, მას არ შეუძლია დაგეხმაროს თუკი შენსა და ღმერთს შორის ცოდვის კედელია.

ამიტომაცაა რომ ესაია 1:15-17-ში ჩვენ ღმერთი გვაუწყებს, „ხელებს რომ აღაპყრობთ, თვალს გარიდებთ; ლოცვებსაც რომ მიმრავლებთ, არ ვისმენ; ხელები სისხლითა გაქვთ სავსე! განიბანეთ, განიწმიდეთ, ავი

საქმეები თვალთაგან განმარიდეთ, შეწყვიტეთ ბოროტის ქმნა. სიკეთის ქმნა ისწავლეთ, ეძიეთ სამართალი, შეეწიეთ ჩაგრულს, განიკითხეთ ობოლი, ქვრივს გამოესარჩლეთ." და შემდეგ 18-ში იგი გვპირდება, „მერე მოდით და ცილობა ვყოთ, მეწამულიც რომ იყოს თქვენი ცოდვები, თოვლივით გასპეტაკდება; ჭიაფერივით წითელიც რომ იყოს, მატყლის ფთილასავით გახდება."

ასევე ვხვდებით შემდეგს ესაია 59:1-3-ში:

აჰა, არ დამოკლებულა უფლის ხელი რომ ხსნა არ შეეძლოს, და არ დამძიმებულა მისი ყური, რომ ვერ ისმინოს. მხოლოდ თქვენი უკეთურებანი იყო გამყოფი თქვენსა და თქვენს ღმერთს შორის და თქვენმა ცოდვებმა დაფარეს მისი სახე თქვენგან და აღარ ესმოდა მას, რადგან თქვენი ხელები სისხლით არის შებღალული და თითები თქვენი – უკეთურებით; თქვენი ბაგეები სიცრუეს მეტყველებენ, თქვენი ენა სიბილწეს ლაპარაკობს.

ადამიანები, რომლებიც არ ეზიარებიან უფალს და არ აქვთ მიღებული იესო ქრისტე, და ეწევიან ცხოვრებას თავიანთი მსოფლმხედველობის მიხედვით, ვერ ათვითცნობიერებენ რომ ცოდვილნი არიან. როდესაც ადამიანები აღიარებენ იესო ქრისტეს როგორც თავიანთ მხსნელს და ძღვნად ებოძებათ სულიწმინდა, სულიწმინდა ამხელს ცოდვის ქვეყანას სიმართლისა და განკითხვისთვის, მაშინ ისინი გაათვითცნობიერებენ და აღიარებენ, რომ ცოდვილნი არიან (იოანე 16:8-11).

თუმცა, ვინაიდან არსებობს ვითარებები, რომელშიც ადამიანებმა ზუსტად არ იციან რა არის ცოდვა, ამიტომ მათ არ შეუძლიათ ამოიკვეთონ ცოდვა და ბოროტი და მიიღონ უფლისაგან პასუხები, ამრიგად მათ პირველ რიგში უნდა იცოდნენ რომ ცოდვის რაობას უფალი განსაზღვრავს. ყოველი დაავადება და სენი ცოდვისაგან მოდის, და მხოლოდ მაშინ შეიგრძნობთ სწრაფად განკურნების ძალას, როდესაც თქვენ განვლილ გზას მოჰხედავთ და დაანგრევთ ცოდვის კედელს.

მოდით ბოლომდე ჩავსწვდეთ რას გვეუბნება სჯული, თუ რა არის ცოდვა და როგორ შეგვიძლია ცოდვის კედელის დანგრევა.

1. უნდა მოინანიოთ ის, რომ არ გწამდათ უფლის და არ ეზიარეთ იესო ქრისტეს.

ბიბლია გვეუბნება რომ უფლისადმი ჩვენი ურწმუნოება და იესო ქრისტეს, როგორც ჩვენ მხსნელად არ აღიარება წარმოქმნის ცოდვას (იოანე 16:9). მრავალი ურწმუნო ამბობს, რომ ისინი კეთილ ცხოვრებას ეწევიან, მაგრამ ეს ხალხი კარგად ვერ შეიცნობს საკუთარ თავს, რადგან მათ არ იციან სიტყვა ჭეშმარიტი – სხივი უფლისა – და შეუძლონი არიან გაარჩიონ კეთილი ბოროტისაგან.

მაშინაც კი, როდესაც ადამიანი დარწმუნებულია რომ კეთილი ცხოვრებით იცხოვრა, უამრავი სიცრუე და უწესობა იქნება აღმოჩენილი მის ცხოვრებაში,

როდესაც იგი წარსდგება ჭეშმარიტების წინაშე, რომელიც არის ყოვლისშემძლე უფლის ცნება, ვინც შექმნა ყოველი სამყაროში და აქვს კონტროლი სიკვდილზე, სიცოცხლეზე, წყევლასა და კურთხევაზე. ამიტომაცაა რომ ბიბლია გვაუწყებს ჩვენ „არავინაა მართალი“ (რომაელთა 3:10) და „ვინაიდან რჯულის საქმით ვერცერთი ხორციელი ვერ გამართლდება მის წინაშე, რადგანაც რჯულით შეიცნობა ცოდვა“ (რომაელთა 3:20).

მას შემდეგ, რაც მოინანიებდი, რომ არ გწამდა უფლის და არ აღიარებდი იესო ქრისტეს და გახდები უფლის შვილი და მიიღებ იესო ქრისტეს, ყოვლისშემძლე ღმერთი გახდება მამა შენი, და შენ მიიღებ პასუხებს იმაზე, თუ რა დაავადებაც გაქვს.

2. უნდა მოინანიო რომ არ გიყვარდა ძმანნი შენნი.

ბიბლია გვეუბნება რომ „საყვარელნო, თუკი ასე შეგვიყვარა ღმერთმა, ჩვენც უნდა გვიყვარდეს ერთმანეთი“ (1 იოანე 4:11). იგი ასევე გვახსენებს რომ ჩვენ, ჩვენი მტრებიც კი უნდა გვიყვარდეს (მათე 5:44). თუკი ჩვენ მოვიძულებთ ჩვენს მოძმეებს, მაშინ ვეურჩებით უფლის მცნებას და აქედან გამომდინარე, შევცოდავთ.

ვინაიდან იესომ სიყვარული გამოხატა კაცობრიობის მიმართ, რომელთა ცოდვაში ცხოვრების და ბოროტების გამო იგი ჯვარზე აცვეს, მხოლოდ ის იქნება სწორი

თუკი ჩვენ, ჩვენი მშობლები, შვილები, ძმები და დები გვეყვარება. უფლისთვის არ არის მისაღები, რომ ჩვენი გვძულდეს და არ შეგვეძლოს პატიება, ერთმანეთისადმი ცუდი გრძნობების ქონისა და უმნიშვნელო გაუგებრობის გამო.

მათე 18:23-35-ში იესო გვიმხელს ერთ იგავს:

ამითა ჰგავს ცათა სასუფეველი მეფეს, რომელმაც გადაწყვიტა ანგარიში გაესწორებინა თავისი მონებისათვის. და როცა ანგარიშსწორება დაიწყო, წარუდგინეს მას ერთი, რომელსაც მისი ათი ათასი ტალანტი ემართა. და რაკი გადახდის თავი არ ჰქონდა, მისმა მეფემ ბრძანა, გაეყიდათ ისიც, მისი ცოლიც, მისი შვილებიც, მთელი მისი სარჩო-საბადებელიც და ვალი დაეფარათ. დაემხო მონა, თაყვანი სცა და უთხრა: შემიბრალე, მეფეო, და მთელ ვალს გადაგიხდი. შეიბრალა მეფემ თავისი მონა, გაუშვა და ვალიც აპატია. მაგრამ წავიდა ეს მონა და ერთ თავის ამხანაგს შეხვდა, რომელსაც მისი ასი დინარი ემართა: ყელში სწვდა, დახრჩობა დაუპირა და შესძახა: ჩემი ვალი დამიბრუნეო. ამხანაგი ფეხებში ჩაუვარდა და შეევედრა: ცოტაც მაცალე და მთელ ვალს გაგისტუმრებო. მაგრამ მან ყური არ ათხოვა, არამედ წავიდა და, ვალის გადახდამდე, ციხეში ჩააგდებინა იგი. ეს რომ მისმა ამხანაგებმა დაინახეს, ძალიან შეწუხდნენ, წავიდნენ და მეფეს მოახსენეს ყველაფერი, რაც მოხდა. მაშინ მეფემ დაიბარა მონა და უთხრა: შე ბოროტო,

მთელი ვალი გაპატიე, რაკიღა მთხოვე. ნუთუ არა გმართებდა, ისევე შეგებრალებინა შენი ამხანაგი, როგორც მე შეგიბრალე შენ? განრისხდა მეფე და მტანჯველებს მისცა ხელში, ვიდრე არ გადაიხდიდა მთელ თავის ვალს. ასევე მოგექცევათ ჩემი ზეციერი მამა, თუ მთელი გულით არ მიუტევებთ თქვენს ძმას მის შეცოდებებს.

და მაშინ როცა მამა ღმერთისაგან მივიღეთ შენდობა და წყალობა, არ შეგვიძლია და არ გვსურს რომ ჩვენი ძმების ნაკლოვანებებს და შეცდომებს მოვეხვიოთ? ამის ნაცვლად ჩვენ მივისწრაფვით ერთმანეთის მეტოქეობისაკენ, მტრების გაჩენისაკენ და ერთი მეორის გაღიზიანებისკენ?

უფალი 1 იოანე 3:15-ში გვეუბნება, „ყველა, ვისაც სძულს თავისი ძმა, კაცისმკვლელია; თქვენ კი იცით, რომ არცერთ კაცისმკვლელს არ აქვს საუკუნო სიცოცხლე, თვით მასშივე დამკვიდრებული.“ მათე 18:35-ში „ასევე მოგექცევათ ჩემი ზეციერი მამა, თუ მთელი გულით არ მიუტევებთ თქვენს ძმას მის შეცოდებებს.“ და იაკობი 5:9-ში გვაფრთხილებს რომ „ნუ დრტვინავთ, ძმანო, ერთურთის მიმართ, რათა არ განისაჯოთ; აჰა, მსაჯული კართანა დგას.“

უნდა გავათვითცნობიეროთ, რომ თუკი ჩვენ, ჩვენი ძმები კი არ გვეყვარება, არამედ შევიძულებთ, მაშინ ჩვენც შევცოდავთ, არ აღვივსებით სულიწმინდით და მოგვადგება ტკივილი. ამრიგად, თუკი ჩვენი ძმები შეგვიძულებენ და გულს გაგვიტეხენ, ჩვენც

სიმულვილით და გულის გატეხით კი არ უნდა ვუპასუხოთ, არამედ უნდა აღვივსოთ გულები სიმართლით, მოვეკიდოთ გაგებით და ვაპატიოთ მათ. ჩვენს გულებს უნდა შეეძლოს ასეთი ძმებისა და დებისათვის სიყვარულის ლოცვის გაზიარება. როდესაც ჩვენ სულიწმინდის დახმარებით ვუგებთ, ვპატიობთ და გვიყვარს ერთმანეთი, უფალიც გამოამჟღავნებს თავის თანაგრძნობას და შეწყალებას და თვალნათლივ გვიჩვენებს განკურნების ძალას.

3. უნდა მოინანიო თუკი სიხარბით გილოცვია.

როდესაც იესომ სულუთ შეპყრობილი ბიჭი განკურნა, მისმა მოწაფეება ჰკითხეს მას, „რატომ ჩვენ ვერ შევძელით მისი განდევნა?“ (მარკოზი 9:28), იესომ უპასუხა, „ამ მოდგმას ვერაფრით ვერ განდევნი, თუ არა ლოცვით და მარხვით“ (მარკოზი 9:29).

იმისათვის რომ გარკვეული სახის განკურნება მიიღო, საჭიროა გაიღო ლოცვა და ვედრება. თუმცა, საკუთარ კმაყოფაზე მლოცველებს უფალი არ მოჰხედავს რადგან ისინი მას არ ანიჭებენ სიხარულს. უფალმა გვიბრძანა, „ჭამთ, სვამთ თუ სხვა რამეს აკეთებთ, ყველაფერი ღვთის სადიდებლად აკეთეთ“ (1 კორინთელთა 10:31). ამიტომაც, ჩვენი სწავლის, სახელის და ძალა-უფლების მოხვეჭის მიზანი უნდა იყოს უფლის სადიდებლად მიმართული. იაკობი 4:2-3-ში ჩვენ ვხვდებით, „გსურთ და არა გაქვთ,

კლავთ და გშურთ, მაგრამ საწადელს ვერ აღწევთ; იბრძვით და ომობთ. მაგრამ ვერ იხვეჭთ, იმიტომ, რომ არ ითხოვთ. ითხოვთ და ვერ იღებთ, იმიტომ, რომ ბოროტად ითხოვთ, რათა თქვენივე ვნებები დაიცხროთ."

თუკი შენ ითხოვ განკურნებას, რომ შესწირო შენი ჯანმრთელი ცხოვრება უფლის დიდებას; მაშინ შენი ვედრება დაკმაყოფილდება, როდესაც ამისთვის შეევედრები ღმერთს. თუმცა, როდესაც ითხოვ და არ იღებ განკურნებას მიუხედავად იმისა რომ უფალს სურს უფრო ბევრი და უფრო მრავალჯერ გიბოძოს, ეს იმიტომ რომ, შენ შეიძლება ითხოვ ისეთ რამეს, რაც არ შეესაბამება უფლის ჭეშმარიტებას.

როგორი ლოცვით გავახარებთ უფალს? როგორც იესო გვეუბნება მათე 6:33-ში, „მაშ, ეძებეთ უპირველესად უფლის სასუფეველი და სიმართლე მისი, და ყოველივე ეს მოგეცემათ თქვენ." იმის მაგივრად, რომ ვინერვიულოთ საჭმელზე, ჩასაცმელზე და მისთანანი, პირველ რიგში ჩვენ უნდა გავახაროთ უფალი მისი სასუფევლისა და სიმართლისთვის,სახარების ქადაგების და კურთხევისათვის ლოცვით. მხოლოდ ამის შემდეგ აგიხდენთ უფალი გულის წადილს და გიბოძებთ თქვენი დაავადებებისგან სრულიად განკურნებას.

4. უნდა მოინანიოთ თუკი იჭვნეულობაში ილოცეთ.

უფალი მოხარულია თუკი ადამიანის ლოცვა მის რწმენას გამოამჟღავნებს. ამის თაობაზე ებრაელთა 11:6-ში ჩვენ ვხვდებით, „რწმენის გარეშე კი შეუძლებელია ესათნოვო ღმერთს, რადგან ვინც მას უახლოვდება, უნდა სწამდეს, რომ ღმერთი არსებობს და სანაცვლოს მიაგებს მის მაძიებელთ.“ იგივეს შეგვახსენებს იაკობი 1:6-7, „მაგრამ, დაე, სთხოვოს რწმენით, ყოველგვარი ეჭვის გარეშე, რადგან მეჭველი ზღვის ტალღასა ჰგავს, ქარით ღელვილსა და მიმოტაცებულს. ნუ ეგონება ამნაირ კაცს, თითქოს რაიმეს მიიღებს ღვთისგან.“

იჭვნეულობაში აღვლენილი ლოცვა მიუთითებს ადამიანის ურწმუნოებას უფლის ყოვლისშემძლეობაზე, აქვეითებს უფლის ძალას და ხდის მას უვიცს. შენ უნდა მიჰბაძო შენი წინაპრების რწმენას და მოინანიო, უნდა ილოცო გულმოდგინედ და მხურვალედ რომ დაეპატრონო რწმენას, რითაც შეძლებ გულით დაიჯერო.

ბიბლიაში მრავალჯერ ვხვდებით იმას, რომ იესოს ისინი უყვარდა, ვინც ღრმა რწმენას ავლენდნენ, ირჩევდა მათ როგორც თვის მუშაკებს, და ეწეოდა მოძღვრებას მათი მეშვეობით და მათთან ერთად. როდესაც ადამიანებს არ შეეძლოთ გამოეხატათ თავიანთი რწმენა, იესო თავის მოწაფეც რომ ყოფილიყო საყვედურობდა მცირედი რწმენის ქონის გამო, (მათე 8:23-27), ხოლო აქებდა და

უყვარდა ისინი, ვისაც ღრმა რწმენა ჰქონდა, მიუხედავად იმისა იყვნენ თუ არა ისინი წარმართნი (მათე 8:10).

როგორ ლოცულობ და როგორი სახის რწმენას წარმოაჩენ?

მათე 8:5-13-ში ასისთავი მიუახლოვდა იესოს და სთხოვა მისი ერთ-ერთი მსახური განეკურნა, რომელიც პარალიზებული იწვა სახლში და ტკივილით იტანჯებოდა. როდესაც იესომ ასისთავს უთხრა, „მოვალ და განვკურნავ მას" (სტროფი 7), ამაზე ასისთავზე უპასუხა, „უფალო, არა ვარ იმის ღირსი, რომ ჩემს ჭერქვეშ შემოხვიდე; არამედ მხოლოდ სიტყვა ბრძანე და განიკურნება ჩემი მსახური" (სტროფი 8), და ამით იესოს თავისი დიდი რწმენა აჩვენა. იესომ გაიხარა და შეაქო ასისთავი, როდესაც მისი ასეთი შენიშვნა მოისმინა. „ისრაელშიც არ შევხვედრივარ ამნაირ რწმენას" (სტროფი 10). ასისთავის მსახური იმ საათშივე განკურნებულ იქნა.

მარკოზი 5:21-43-ში აღწერილია განკურნების ძალის გამოვლენის გასაოცარი მაგალითი. როდესაც იესო ზღვის ნაპირას იმყოფებოდა, ერთ-ერთი სინაგოგის წინამძღვარი სახელად იაიროსი, ეახლა მას და ფეხებში ჩაუვარდა. იაიროსმა შესთხოვა იესოს. „ჩემი ასული სიკვდილის პირასაა. მოდი და ხელი დაადე, რათა მორჩეს და იცოცხლოს" (სტროფი 23).

და როდესაც იესო იაიროსთან ერთად მიდიოდა, ქალი, რომელიც თორმეტი წელი სისხლის დენით იტანჯებოდა, მიუახლოვდა მას. იგი დიდად გაიტანჯა

უამრავი ექიმის მკურნალობის ქვეშ ყოფნით, დახარჯა ყველაფერი რაც ჰქონდა, მაგრამ იმის მაგივრად რომ გამოჯანმრთელებულიყო, მისი მდგომარეობა უფრო და უფრო უარესდებოდა.

ქალს გაგონილი ჰქონდა რომ იესო ახლო-მახლო იმყოფებოდა და შუა ხალხის ნაკადში, რომელიც იესოს მიჰყვებოდა, იგი მიუახლოვდა იესოს და მის მოსასხამს შეეხო. და რადგანაც ქალს სწამდა, „მის სამოსსაც რომ შევეხო, მეშველებაო" (სტროფი 28). როდესაც ქალმა იესოს სამოსს ხელები შეახო, მისი სისხლის დენა მაშინვე შეწყდა, ქალმა ეს სხეულითაც იგრძნო, რომ იგი თავისი სნეულებისაგან განიკურნა. იესომ თვითონაც მაშინვე იგრძნო, რომ მისგან ძალა გავიდა, მიუბრუნდა ბრბოს და თქვა, „ვინ შეეხო ჩემს სამოსს?" (სტროფი 30) როდესაც ქალმა აღიარა სიმართლე, იესომ მიუგო მას, „ასულო, შენმა რწმენამ გადაგარჩინა; წადი მშვიდობით, დახსნილი ხარ შენი სატანჯველისგან" (სტროფი 34). იესომ ქალს როგორც წყალობა ასევე ხსნაც უბოძა.

ამ დროს, იაიროსის სახლიდან ხალხი გამოვიდა და მოახსენეს მათ „შენი ქალიშვილი მკვდარია" (სტროფი 35). იესომ დაამშვიდა იაიროსი და უთხრა მას „ნუ გეშინია; შენ მხოლოდ გწამდეს," (სტროფი 36) და გააგრძელეს გზა იაიროსის სახლისაკენ. იქ, იესომ მიუგო ხალხს, „ბავშვი კი არ მოკვდა, არამედ სძინავს" (სტროფი 39), და უთხრა გოგონას, „ტალითა, კუმი!" (რაც ნიშნავს „შენ გეუბნები, პატარავ, აღდეგ!") (სტროფი 41). გოგონა მაშინვე წამოდგა

და სიარული იწყო.

უნდა გჯეროდეს რომ როდესაც რწმენით შესთხოვ უფალს, ყველაზე მძიმე დაავადებებიც კი შეიძლება განიკურნოს და მკვდარიც კი შეიძლება იქნეს აღმდგარი. თუკი როდესმე ეჭვით გილოცვია, ამ ცოდვის მონანიებით გაძლიერდი და მიიღე განკურნება.

5. უნდა მოინანიო თუკი ეურჩე უფლის მცნებებს.

იოანე 14:21-ში იესო გვეუბნება, „ვისაც აქვს ჩემი მცნებანი და იცავს მათ, მას ვუყვარვარ, ხოლო ვისაც მე ვუყვარვარ, შეიყვარებს მას მამაჩემი; მეც შევიყვარებ და ჩემს თავს გამოვუცხადებ მას." 1 იოანე 3:21-22-ი ასევე შეგვახსენებს, „საყვარელნო, თუ ჩვენი გული არა გვგმობს, პირნათელნი ვართ ღვთის წინაშე. ამიტომ, რასაც ვითხოვთ, მივიღებთ მისგან, ვინაიდან ვიმარხავთ მის მცნებებს და ისე ვიქცევით, როგორც მას მოსწონს." ცოდვილი უფლის წინაშე ვერ იქნება მართალი. ხოლო, თუკი თქვენი გულები პატიოსანი და უბრალოა ჭეშმარიტი მცნებების წინაშე, მაშინ თქვენ თამამად შეგიძლიათ შესთხოვოთ უფალს ნებისმიერი რამ.

ამიტომ, როგორც უფლის მორწმუნემ, თქვენ უნდა შეისწავლოთ და შეიცნოთ ათი მცნება, რომელიც ბიბლიის სამოცდაექვსი წიგნის მოკლე შინაარსის როლს ასრულებს, და უნდა აღმოაჩინოთ თუ რამდენად ურჩია თქვენი ცხოვრება ამ ათი მცნების.

I. შემიშვია გულში ერთი ღმერთის გარდა სხვა ღმერთები?

II. გამიხდია ვინმე ან რაიმე კერპად? შვილები, ჯანმრთელობა, ბიზნესი და მისთანანი და მიცემია თაყვანი მათთვის?

III. მიხსენებია უფლის სახელი ფუჭად?

IV. ყოველთვის დამიცვია წმინდა შაბათი?

V. ყოველთვის მიცემია პატივი მშობლებისთვის?

VI. ჩამიდენია ფიზიკური ან სულიერი მკვლელობა ჩემი ძმებისა და დების სიძულვილით ან მათი ცოდვით დაწყევლით?

VII. მიმრუშია ოდესმე გულშიც კი?

VIII. მომიპარავს?

IX. როდესმე ცრუდ ცილი მიწამებია ჩემი მოყვასისთვის?

X. შემშურებია როდესმე ჩემი მოყვასის ქონებისა?

ამასთანავე, შენ უნდა გაჰხედო შენს წარსულს და გაიგო, დაგიცავს თუ არა უფლის მცნებები მოყვასის ისეთი სიყვარულით, როგორც შენ საკუთარი თავი გიყვარს. როდესაც შენ ემორჩილები უფლის მცნებებს და შესთხოვ, უფლის ძალა ყოველი სნეულებისაგან გაგკურნავს.

6. უნდა მოინანიო თუკი არ დაგითესავს უფლისთვის.

რადგანაც უფალი აკონტროლებს ყველაფერს მთელს სამყაროში, მან შექმნა სულიერი სამყაროს წესები, და როგორც სამართლიანი მსაჯული, იგი ყველაფერს ამის შესაბამისად მართავს.

დანიელი 6-ში, მეფე დარიოსი რთულ ვითარებაში აღმოჩნდა, მან ვერ შეძლო დაეხსნა მისი საყვარელი მსახური დანიელი ლომების ბუნაგისაგან, მიუხედავად იმისა რომ იგი მეფე იყო. ვინაიდან დარიოსს საკუთარი წერილისთვის ბეჭედი ჰქონდა დარტყმული, მას არ შეეძლო დაუმორჩილებლობა გამოეხატა თავისივე შექმნილი კანონისადმი. თუკი მეფე იქნებოდა პირველი, ვინც დაარღვევდა წესს და არ დაემორჩილებოდა კანონს, მაშინ ვიღა მიაქცევდა ყურადღებას და დაემორჩილებოდა მას? ამიტომ, დარიოსს არ შეეძლო რამე მოემოქმედებინა, მიუხედავად იმისა რომ ბოროტი ადამიანების გეგმის მიხედვით, მისი საყვარელი მსახური დანიელი ლომებით

სავსე ორმოსთვის იყო განწირული.

იგივე მიზეზით, უფალი არ ტეხს თავისივე წესებს და არ ეურჩება მისივე დაწესებულ კანონს, და მთელი სამყარო სუვერენიტეტის ქვეშ ამ ზუსტი წესით იმართება. ამიტომაცაა რომ, „ნუ შეცდებით, ღმერთს ვერ შეურაცხყოფთ, რადგანაც ვინც რას დასთესს, მასვე მოიმკის“ (გალათელთა 6:7).

თუკი თქვენ ლოცვაში დასთესთ, მაშინ მიიღებთ პასუხს და გაიზრდებით სულიერად, და თქვენი სულიერი მდგომარეობა გაძლიერდება, და სული განგიახლდებათ. თუკი თქვენ იყავით სნეული და დამაბუნებული, მაგრამ ახლა თქვენ სიყვარულით სთესავთ დროს უფლის მიმართ გულმოდგინედ შესრულებულ ღვთისმსახურებაში, მაშინ თქვენ მიიღებთ ჯანმრთელობის კურთხევას და აშკარად შეამჩნევთ ცვლილებებს თქვენს ორგანიზმში. თუკი თქვენ ქონებას უფლისთვის სთესავთ, მაშინ უფალი დაგიცავთ და დაგიფარავთ ფათერაკისაგან და უფრო დიდი ქონების კურთხევას გიბოძებთ.

იმის შეგნებით, თუ რაოდენ მნიშვნელოვანია უფლისათვის თესვა, როდესაც თქვენ სააქაოს წადილებს აღმოიკვეთავთ, რომელნიც მხოლოდ ლპობისთვის და დაღუპვისთვისაა განწირული, და იწყებთ თქვენი რწმენით ჯილდოს ზეცაში დაგროვებას, მაშინ უფალი ყოველთვის წარგიძღვებათ ჯანმრთელი ცხოვრებისაკენ.

უფლის მცნებებით, ჩვენ შევიცანით მიზეზი უფლისა და კაცთ შორის აღმართული კედლისა, ასევე გავიგეთ, თუ რატომ ვცხოვრობდით სნეულებებისგან გამოწვეულ ტანჯვაში. თუკი თქვენ არ გწამდათ ღმერთის და იტანჯებოდით სნეულებებით, მაშინ აღიარეთ იესო როგორც თქვენი მხსნელი და იწყეთ ქრისტეთი ცხოვრება. არ გეშინოდეთ იმისი, რაც ხორცს ჰკლავს. ამის ნაცვლად, გეშინოდეთ იმის, რაც ამწესებს თქვენს ხორცს და სულს ჯოჯოხეთისკენ, დაიცავით მხსნელი უფლისადმი რწმენა თქვენი მშობლების, და-ძმის, მეუღლის, სიდედრ-სიმამრის, და სხვების დევნისაგან. როდესაც უფალი შეიმცნობს თქვენს რწმენას, მაშინ იგი ამოქმედდება და თქვენ შეძლებთ განკურნების წყალობის მიღებას.

თუკი თქვენ მორწმუნე ხართ მაგრამ იტანჯებით სნეულებებისაგან, მაშინ უნდა გაჰხედოთ თქვენს წარსულს და გამოარკვიოთ, არის თუ არა დარჩენილი რაიმე ბოროტება თქვენში, ისეთი ბოროტება, როგორიცაა სიძულვილი, ეჭვიანობა, შური, სიცრუე, მანკიერება, სიძუნწე, ბოროტი განზრახვა, მკვლელობა, პაექრობა, ჭორაობა, ცილისწამება, სიამაყე და მისთანანი. უფლისათვის ლოცვით და მისი მწყალობლობით და შებრალებით მიღებული პატიებით, ასევე მიიღეთ პასუხი თქვენი დაავადებების პრობლემაზე

უამრავი ადამიანი ცდილობს რომ გარიგება დადოს უფალთან. ისინი ამბობენ რომ თუკი უფალი ჯერ განკურნავს მათ დაავადებებისა და სნეულებებისაგან,

მაშინ იწამებენ იესოს და წაჰყვებიან მას. თუმცა, ვინაიდან უფალი ყველა ადამიანის გულს შეიცნობს, მხოლოდ მაშინ განკურნავს მათ ფიზიკური დაავადებებისაგან, მას შემდეგ რაც ისინი სულიერად განიწმინდებიან.

იმის მიხვედრით რომ ადამიანის აზროვნება და უფლის აზროვნება ერთმანეთისაგან განსხვავდება, დაე თქვენ პირველები დაჰმორჩილდით უფლის ნებას, რომ თქვენი სულიც გამოჯანმრთელდეს დაავადებებისაგან განკურნების წყალობის მიღებასთან ერთად, უფლის სახელით მე ვლოცულობ!

თავი 3

მკურნალი ღმერთი

(გამოსვლა 15:26

თუ გაიგონებ უფლის, შენი ღვთის ხმას და სწორად მოიქცევი მის თვალში, ყურს დაუგდებ მის ბრძანებებს და დაიცავ ყველა მის წესს, არ შეგყრი არცერთ სენს, ეგვიპტეს რომ შევყარე, რადგან მე ვარ უფალი, შენი გამკურნებელი.

რატომ ხდება ადამიანი ავად?

მიუხედავად იმისა, რომ უფალს სურს ყოველი მისი შვილი ჯანმრთელ ცხოვრებას ეწეოდეს, ბევრი მათგანი იტანჯება სნეულებებისაგან გამოწვეული ტკივილით, იმის გამო, რომ არ შეუძლიათ გადაჭრან სნეულების პრობლემა. ისევე როგორც ყველა შედეგს გააჩნია გამომწვევი მიზეზი, ყველა დაავადებასაც თავისი მიზეზი გააჩნია. ნებისმიერი დაავადება შეიძლება სწრაფად განიკურნოს როდესაც მიზეზის დადგენილი იქნება, ყველას, ვისაც სურს განიკურნოს, პირველ რიგში უნდა გამოარკვიოს დაავადების გამომწვევი მიზეზი. გამოსვლა 15:26-ში მოყვანილი უფლის მცნებების მიხედვით, ჩვენ უფრო ძირფესვიანად უნდა შევისწავლოთ დაავადებების გამომწვევი მიზეზები, და გზები, რომელთა მეშვეობითაც გავთავისუფლდებით ამ დაავადებებისაგან და ვიცხოვრებთ ჯანმრთელად.

„უფალი" ღმერთის აღმნიშვნელი სიტყვაა, და ნიშნავს „მე ვარ რომელიც ვარ"-ს (გამოსვლა 3:14). ეს სიტყვა ასევე აღნიშნავს, რომ ყველა სხვა დანარჩენი ყოვლისმომცველ უფლის მმართველობის ქვეშაა. უფალმა უწოდა საკუთარ თავს „მე ვარ უფალი, შენი გამკურნებელი" (გამოსვლა 15:26), და აქედან ჩვენ ვსწავლობთ უფლის სიყვარულს, და დაავადებებისაგან განკურნების ძალას, რომელიც გაგათავისუფლებს შენ სნეულების ტანჯვისაგან.

გამოსვლა 15:25-ში უფალი ჩვენ გვპირდება, „თუ

გაიგონებ უფლის, შენი ღვთის ხმას და სწორად მოიქცევი მის თვალში, ყურს დაუგდებ მის ბრძანებებს და დაიცავ ყველა მის წესს, არ შეგყრი არცერთ სენს, ეგვიპტეს რომ შევყარე, რადგან მე ვარ უფალი, შენი გამკურნებელი." ამიტომაც, თუკი თქვენ ავად გახდებით, ეს იქნება მტკიცებულება იმისი, რომ თქვენ ყურადღებით არ უსმინეთ უფლის ხმას, არ გააკეთეთ ის, რაც ღმერთის თვალში სწორი იყო, და გულგრილნი იყავით მისი მცნებების მიმართ.

და ვინაიდან უფლის შვილები ზეცის ბინადარნი არიან, ისინი ზეცის წესებს ერთგულნი უნდა დარჩნენ. ამრიგად, თუკი ზეცის ბინადარნი მის წესებს არ დაემორჩილებიან, მაშინ უფალს არ შეუძლია დაიფაროს ისინი, რადგან ცოდვა ურჯულოებაა (1 იოანე 3:4). მაშინ, დაავადებები უფრო გამწვავდება, როდესაც ურჩი შვილები უფლისა დარჩებიან სნეულების აგონიის ამარა.

მოდით ძირფესვიანად შევისწავლოთ ის მიზეზები, რომელთა გამო ჩვენ ავად ვხდებით, დაავადების გამომწვევი მიზეზები, და როგორ შეუძლია უფლის მკურნებელ ძალას ამ დაავადებისაგან მტანჯველი ადამიანების განკურნება.

მაგალითი იმისა, თუ როგორ ხდება ადამიანი ავად მისი ცოდვების გამო.

მთელი ბიბლიის მანძილზე უფალი კვლავ და კვლავ გვეუბნება რომ დაავადების გამომწვევი მიზეზი ცოდვაა. იოანე 5:14-ში ჩვენ ვკითხულობთ, „ამის შემდეგ ტაძარში დაინახა იგი იესომ და უთხრა[ადამიანი, რომელიც იესომ ადრეც განკურნა]: აჰა, განიკურნე; ნუღარა სცოდავ, რათა უარესი არ დაგემართოს.“ ეს ნაწყვეტი გვახსენებს იმას, რომ თუკი ადამიანი ცოდვას ჩაიდენს, მისი სნეულებები უფრო გაძლიერდება ვიდრე ადრე იყო, და ასევე გვახსენებს იმას, რომ ცოდვის გამო ადამიანები ავად ხდებიან.

2 რჯული 7:12-15-ში, უფალი გვპირდება, „თუ შეისმენთ ამ სამართალს, შეინახავთ და შეასრულებთ მას, უფალი, თქვენი ღმერთიც შეგინახავთ აღთქმას და წყალობს, რაც შეჰფიცა თქვენს მამა-პაპას. შეგიყვარებს, დაგლოცავს, გამრავლებს და გიკურთხებს შენი მუცლის ნაყოფს, შენი მიწის ნაყოფს, პურს, ღვინოს და ზეთს, საქონლის ნამატს და ცხვრის მონაგებს იმ მიწაზე, რომელიც შენთვის მისაცემად აღუთქვა შენს მამა-პაპას. კურთხეული იქნები ყველა ხალხზე უფრო, არ იქნება შენში და არც შენს საქონელში ბერწი და უნაყოფო. აგაშორებს უფალი ყოველგვარ სნეულებას, არ შეგყრის ეგვიპტის საშინელ სნებებს, რომლებიც იცი, შენს მოძულეებს კი გაუჩენს.“ ისინი, ვისაც სძულთ, ბოროტი და ცოდვილნი არიან, და ასეთ ინდივიდებს მიევლინებათ სნეულებები.

2 რჯული 28-ში, რომელიც ცნობილია „თავი

კურთხევისას" სახელით, უფალი გვეუბნება, თუ რა სახის კურთხევას მივიღებთ როდესაც მთლიანად ვემორჩილებით ჩვენს ღმერთს და მთელი გულისყურით ვასრულებთ მის მცნებებს. იგი ასევე გვამცნობს, თუ რა სახის წყევლა შეგვიპყრობს და იქნება ჩვენზე მოვლენილი, თუკი გულისყურით არ დავჰყვებით მის მცნებებსა და ბრძანებებს.

განსაკუთრებულად დეტალურადაა აღწერილი თუ რა სახის დაავადებებთან გვექნება საქმე თუკი ვეურჩებით უფალს. ესენია: შავი ჭირი, ჭლექი, ციებ-ცხელება, ანთება, ხურვება, გვალვა და სიყვითლე; „მოგწყლავს უფალი ეგვიპტური ყვავილით, ბუგრით, მუნით და ქეცით, რომლისაგანაც არ იქნება განკურნება", ცოფი, სიბრმავე, გიჟიანობა, რომელშიც არავინ შეგეწევა; მუხლებისა და წვივების დაწყლულება, რომელიც არ იკურნება და ტერფიდან დაწყებული, თხემამდე ადის (2 რჯული 28:21-35).

მას შემდეგ რაც შენ სწორად შეიცნობ რომ დაავადების გამომწვევი მიზეზი ცოდვაა, თუკი ავად გახდები, შენ პირველ რიგში უნდა მოინანიო ის, რომ არ გიცხოვრია უფლის მცნებების მიხედვით და მიიღო პატიება. და მას შემდეგ, რაც შენ უფლის მცნებების შესრულებით განკურნებას მიიღებ, აღარასოდეს აღარ უნდა შესცოდო.

მაგალითი იმისა, რომ ადამიანი ხდება ავად, იმ შემთხვევაშიც კი, თუ იგი ფიქრობს რომ არ შეუცოდავს

ზოგი ადამიანი ამბობს, რომ ისინი მაინც ხდებიან ავად მიუხედავად იმისა, რომ არ შეუცოდავთ. თუმცაღა, უფალის მცნება გვაუწყებს, რომ თუკი ჩვენ იმას ვაკეთებთ, რაც უფლის თვალში სწორია, თუკი ჩვენ გულისყურით ვეკიდებით მის მცნებებს და ვიცავთ უფლის წესებს, მაშინ ღმერთი არ მოგვივლენდა რაიმე სახის დაავადებას. თუკი ჩვენ ავად გავხდებით, უნდა გავითვითცნობიეროთ რომ ცხოვრების მანძილზე ჩვენ არ გვიკეთებია ის, რაც უფლის შეხედულებისამებრ სწორი საქციელია და არ დაგვიცავს მისი წესები.

რა არის მაშინ დაავადების გამომწვევი ცოდვა?

თუკი ადამიანმი, უფლისაგან ბოძებულ ჯანმრთელ სხეულს საკუთარი ორგანიზმის კონტროლის გარეშე ან უზნეოდ იყენებს, ეურჩება უფლის მცნებებს, უშვებს შეცდომებს ან ეწევა გარყვნილ ცხოვრებას, მაშინ იგი, საკუთარ თავს ავად გახდომის დიდ რისკის ქვეშ აყენებს. ასეთ დაავადებებს მიეკუთვნება კუჭ-ნაწლავის ფუნქციონირების დარღვევა, რომელსაც იწვევს გადაჭარბებული ან არასწორი კვების წესი, ასევე მიეკუთვნება ღვიძლის დაავადებები, რომლებიც გამოწვეულია განუწყვეტელი მოწევითა და სმით, და

სხვა ასეთი მრავალი დაავადება, რომელიც ტვირთავს ორგანიზმს.

შეიძლება ეს ყოველი ადამიანის თვალთახედვით არ იყოს ცოდვა, მაგრამ უფლის გადმოსახედიდან, ეს ცოდვაა. გადაჭარბებული ჭამა ცოდვაა, ვინაიდან იგი ამჟღავნებს ადამიანის სიმუნწეს და უუნარობას გამოავლინოს თვით-კონტროლი. თუკი ადამიანი არასწორი კვების გამო ავად გახდება, მისი ცოდვა ის კი არ არის რომ დადგენილი რეჟიმით არ იცხოვრა ან აგრძელებდა საკვების მიღებას, არამედ ის, რომ მან ბოროტად გამოიყენა თავისი ორგანიზმი თვით-კონტროლის გარეშე. თუკი ადამიანი იმის გამო გახდება ავად, რომ მან უმი საკვები მიიღო, მაშინ მისი ცოდვა მოუთმენლობაა, რომელიც თავისმხრივ ნიშნავს არაჭეშმარიტების მიხედვით მოქმედებას.

თუკი ადამიანი უყურადღებობის გამო დანით თავს დაიჭრის, და ნაიარევი დაუჩირქდება, ესეც მისი ცოდვის შედეგია, მას რომ ჭეშმარიტად ჰყვარებოდა უფალი, მაშინ ღმერთი მას ყოველთვის დაიცავდა ყველა სახის უბედური შემთხვევისაგან. შემთხვევისაგან. მაშინაც, თუკი ის რაიმე შეცდომას დაუშვებდა, უფალი უბოძებდა თავის დასახსნელ გზას, იმიტომ რომ უფალი სიკეთით მოქმედებს იმ ადამიანებისთვის, ვისაც უყვართ იგი, და ასეთ ადამიანებს, ნაიარევებიც კი არ ექნებათ. ჭრილობები და ინფექციის შეყრა გამოიწვია იმან, რომ იგი ფიცხად და ნაჩქარევად მოქმედებდა და არა სათნოდ და წყნარად, და ეს ორივე უფლის თვალში არასწორი ქმედებაა, და ესენი

მის საქციელს ცოდვილს ხდის.

იგივე წესი მოქმედებს მოწევასა და დალევაზე. როდესაც ადამიანმა იცის რომ მოწევა უბურავს გონებას, ზიანს აყენებს ბრონხებს, იწვევს კიბოს და მაინც არ შეუძლია შეწყვიტოს მოწევა, როდესაც ადამიანმა იცის რომ ალკოჰოლში არსებული ტოქსიური ნივთიერებები ზიანს აყენებს მის ნაწლავებს, ანადგურებს სხეულის ორგანოებს და მაინც არ შეუძლია სმის შეწყვეტა, მაშინ ეს ყოველივე ცოდვილი საქციელია. საქციელია. ეს ამჟღავნებს ადამიანის უუნარობას გააკონტროლოს საკუთარი თავი და სიძუნწე, აკლია საკუთარი სხეულისადმი სიყვარული, და არ დაჰყვა უფლის ნებას ნებას. როგორ შეიძლება ასეთი საქციელი ცოდვა არ იყოს?

თუკი აქამდე არ იყავით დარწმუნებულნი, რომ ყოველი დაავადების მიზეზი ცოდვაა, ახლა, როცა გამოვიკვლიეთ სხვადასხვა შემთხვევები და შევადარეთ ისინი უფლის სიტყვას, შეგვიძლია ეს უეჭველად ვაღიაროთ. ჩვენ ყოველთვის უნდა დავემორჩილოთ და ვიცხოვროთ მისი მცნებების მიხედვით, რომ გავთავისუფლდეთ ყოველგვარი დაავადებისაგან. სხვა სიტყვებით რომ ვთქვათ, როდესაც ჩვენ იმას ვაკეთებთ, რაც უფლის თვალში სწორ საქციელად ითვლება, ყურადღებით ვეპყრობით მის მცნებებს, და ვიცავთ მის წესებს, უფალი დაგვიცავს და დაგვიფარავს ყველა სახის სნეულებებისაგან.

ნევროზით ან სხვა ფსიქიკური აშლილობით გამოწვეული სნეულებები

სტატისტიკაზე დაყრდნობით, იმ ადამიანთა რიცხვი, რომელიც ნევროზით და სხვა ფსიქიკური აშლილობით იტანჯება, იზრდება. ადამიანები ადვილად იქნებოდნენ ასეთი დაავადებებისაგან გათავისუფლებულნი, თუკი ისინი უფლის სიტყვის თანახმად, მომთმენნი იქნებოდნენ, თუკი ისინი აპატიებდნენ, ეყვარებოდათ და იქნებოდნენ გამგებიანები ჭეშმარიტების თანახმად. თუმცა, მათ გულებში შერჩენილია ბოროტება და ბოროტება არ აძლევს საშუალებას იცხოვრონ უფლის სიტყვის მიხედვით. ფსიქიკური ტკივილის გამო აუარესებს სხეულის სხვა ნაწილების მდგომარეობასა და იმუნურ სისტემას, და საბოლოოდ მიჰყავს ორგანიზმი დასნეულებისაკენ. როდესაც ჩვენ ღმერთის მცნებების მიხედვით ვცხოვრობთ, ჩვენი ემოციები არ დაიძაბება, არ ვიქნებით ფიცხები და არც ჩვენი ტვინი არ აღიგზნება.

ჩვენს გარშემო არიან ისეთებიც, რომლებიც არა ცუდ, არამედ კეთილ ადამიანებად გვეჩვენებიან, მაგრამ მაინც იტანჯებიან ასეთი სახის დაავადებებისაგან. ამ დაავადებისაგან უფრო ძლიერად იტანჯებიან ისინი, ვინც ემოციების ჩვეულებისამებრ გამოხატვისაგან თავს იკავებენ, და არა ისინი, ვინც საკუთარ სიბრაზეს და სიშმაგეს გადმოანთხევენ ხოლმე. საპირისპირო ემოციების კონფლიქტისგან გამოწვეული აგონია კი არ

არის სიკეთით და ჭეშმარიტებით ცხოვრება, არამედ ერთმანეთის გაგებით, პატიებით და სიყვარულით, საკუთარი თავის ხელში აყვანით და გამძლეობით.

და ბოლოს, როდესაც ადამიანები გათვითცნობიერებულად ჩადიან ცდოვას, ისინი იტანჯებიან სულიერი აშლილობითა და განადგურებით გამოწვეული ფსიქიკური დაავადებებისაგან. და ვინაიდან ისინი კეთილად კი არ იქცევიან, არამედვარდებიან უფრო ღრმად ბოროტებაში, მათი სულიერი აშლილობა სნეულებას იწვევს. უნდა გავიგოთ, რომ ნევროზი და სხვა ფსიქიკური აშლილობები თვით-გამოწვეულია, გამოწვეულია ჩვენივე უგუნური და ბოროტი საქციელების გამო. ასეთ შემთხვევებშიც კი, ღმერთი განკურნავს მათ, ვინც ეძიებს უფალს და შესთხოვს მას გამოჯანმრთელებას. მეტიც, უფალი აღავსებს მათ ზეცისადმი იმედით და ნებას დართავს იცხოვრონ ჭეშმარიტ ბედნიერებასა და მყუდროებაში.

მტერი ეშმეკის მიერ მოვლენილი დაავადებების გამომწვევი მიზეზიც ცოდვაა.

ზოგიერთი ადამიანი სატანით არის შეპყრობილი და იტანჯება მტერი ეშმაკის მიერ მასზე მივლენილი მრავალი სახის დაავადებისაგან. ეს იმიტომ, რომ ასეთმა ადამიანებმა უგულვებელყვეს უფრლის ნება და განეცალენ ჭეშმარიტებას. იმ ოჯახებში,

რომლებიც ადიდებენ კერპებს, დაავადებულთა, ფიზიკურად უუნაროთა და დემონით-შეპყრობილთა რიცხვი იმიტომაა მაღალი, რომ უფალს სძაგს კერპთაყვანისმცემლობა.

გამოსვლა 20:5-6-ში ჩვენ ვხვდებით, „არ სცე თაყვანი მათ, არც ემსახურო, რადგან მე ვარ უფალი, თქვენი ღმერთი, შურისმგებელი ღმერთი, რომელიც მამათა ცოდვას შვილებს მოვკითხავ, ჩემს მოძულეებს, მესამე და მეოთხე თაობაში. ათასწილ სიკეთის მზღველი ჩემს მოყვარულთათვის და ჩემი მცნებების დამმარხველთათვის.“ უფალმა გვიბოძა განსაკუთრებული მცნება, რომელიც კერპთაყვანისმცემლობას გვიკრძალავს. ჩვენთვის ბოძებული ათი მცნებიდან პირველი ორი მცნება გვაუწყებს – „მე ვარ უფალი ღმერთი შენი, და არა იყვნენ შენდა ღმერთნი უცხონი, ჩემსა გარეშე“ (სტროფი 3) და „რა ჰქმნე თავისა შენისა კერპნი, არცა ყოვლადვე მსგავსნი, რაოდენი არს ცათა შინა ზე, და რაოდენი არს ქუეყანასა ზედა ქუე, და რაოდენი არს წყალთა შინა ქუეშე ქუეყანისა: არა თაყუანი-სცე მათ, არცა მსახურებდე მათ“ (სტროფი 4), ამ მცნებებიდან თვალნათლივ ჩანს თუ რაოდენ გმობს უფალი კერპთაყვანისმცემლობას.

თუკი მშობლები უფლის ნებას არ დაემორჩილებიან და ადიდებენ კერპებს, მათი შვილებიც რა თქმა უნდა მათსავე გზას გაჰყვებიან. თუკი მშოლები არ ემორჩილებიან უფლის მცნებას და იდენენ ბოროტებას,

მათი შვილებიც შესაბამისად გაჰყვებიან მათ კვალს და ჩაიდენენ ბოროტებას. როდესაც ურჩობის ცოდვა მიაღწევს მესამე და მეოთხე თაობაზე, როგორც ცოდვის ტვირთი, მათი შთამომავლები გაიტანჯებიან მტერი ეშმაკის მიერ მათზე მივლენილი სნეულებებით.

თუკი მშობლები ადიდებენ კერპებს, მაგრამ მათი შვილები თავიანთი გულის სიწმინდით უფალს ადიდებენ, მაშინ ღმერთი მოიღებს მათზე სიყვარულს, წყალობას და კურთხევას. ის ადამიანები, რომლებსაც დავიწყებული ჰქონდათ უფლის ნება და დასცილდნენ ჭეშმარიტებას, და ახლა მტერი სატანის მიერ მივლენილი დაავადებებისაგან იტანჯებიან, მკურნალი უფალი განწმენდს მათ, თუკი ისინი მოინანიებენ და მობრუნდებიან ცოდვილი გზიდან. უფალი ზოგს მაშინვე განკურნავს, სხვებს ცოტათი მოგვიანებით, და ზოგსაც მათივე რწმენის სიღრმის მიხედვით. განკურნება მოხდება უფლის ნების მიხედვით: თუკი უფლის თვალში ადამიანებს უცვლელი გულები აქვთ, იგი მაშინვე განკურნავს მათ; ხოლო მათ, ვისაც ცბიერი გულები აქვთ, უფრო მოგვიანებით განიკურნებიან.

ჩვენ გათავისუფლებულნი ვიქნებით დაავადებებისაგან თუკი რწმენაში ვიცხოვრებთ

ვინაიდან მოსე მთელს დედამიწის ზურგზე ყველაზე

თვინიერი ადამიანი (რიცხვნი 12:3) და უფლის მთელი ერის ერთგული იყო, იგი მოიხსენიებოდა როგორც უფლის სანდო მსახური (რიცხვნი 12:7). ბიბლიაში ასევე ნათქვამია, რომ როდესაც მოსე ას ოცი წლის გარდაიცვალა, მას არც თვალთ აკლდა და არც სახე არ ჰქონდა დანაოჭებული (2 რჯული 34:7). აბრაამი იყო კაცი, რომელიც მთლიანად ემორჩილებოდა უფალს რწმენით და თაყვანს სცემდა მას, და მან 175 წლამდე იცოცხლა (დაბადება 25:7). დანიელი ჯანმრთელი იყო მიუხედავად იმისა რომ იგი მხოლოდ ბოსტნეულს ჭამდა (დანიელი 1:12-16), ხოლო იოანე ნათლის მცემელი საღად იყო, მიუხედავად იმისა, რომ იგი მხოლოდ კალიებსა და ველურ თაფლს ჭამდა (მათე 3:4).

ზოგს გაუკვირდება, როგორ შეიძლება ადამიანმა ჯანმრთელად იცხოვროს ხორცის მიღების გარეშე. თუმცაღა, როდესაც უფალმა პირველად შექმნა ადამიანი, მან უთხრა კაცს, რომ მხოლოდ ხილი ეჭამა. დაბადება 2:16:17-ში უფალი ეუბნება კაცს, „ყველა ხის ნაყოფი გეჭმევა ამ ბაღში. მხოლოდ კეთილის და ბოროტის შეცნობის ხის ნაყოფი არ შეჭამო, რადგან როგორც კი შეჭამ, მოკვდებით.“ ადამის ურჩობის შემდეგ, უფალი მას მხოლოდ მინდვრის მცენარეების ჭამის ნებას რთავს (დაბადება 3:18), და ვინაიდან ცოდვიანობა დედამიწაზე იზრდებოდა, საჭმლის მიღების წესის განსაზღვრის შემდეგ, უფალმა დაბადება 9:3-ში ნოეს უთხრა, „ყოველი იძვრისი, რაც კი ცოცხლობს, საჭმელად გქონდეთ;

როგორც მწვანე ბალახს, ისე გამლევთ ყველაფერს." ვინაიდან ადამიანი თანდათან ბოროტდებოდა, უფალმა ნება დართო მათ ეჭამათ ხორცი, მაგრამ არა „უსურმაგი“ საკვები (ლევიანნი 11; 2 რჯული 14).

ახალი აღთქმის ჟამიანობის დროს, უფალი საქმე 15:29-ში გვეუბნება, „ეკრძალეთ ნაკერპალსა და სისხლს, დამხრჩვალს და სიძვას. თუ ამათგან მოიზღუდავთ თავს, კარგს იზამთ. იცოცხლეთ!“ მან დაგვრთო იმ საკვების მიღების ნება, რომელიც ჩვენი ორგანიზმისთვის სასარგებლოა და გვირჩია შორს დაგვეჭირა თავი იმ საკვებისაგან, რომელიც ჩვენთვის საზიანოა. ჩვენთვის უფრო სასარგებლო იქნებოდა, რომ არ გვეჭამა და გვესვა ის, რითიც უფალი ნასიამოვნები არ იქნებოდა. თუკი ჩვენ დავყვებით უფლის ნებას და ვიცხოვრებთ რწმენაში, ჩვენი სხეულები უფრო გამლიერდება, სნეულებები ჩამოგვშორდება, და არც სხვა დაავადებები შეგვეყრება.

გარდა ამისა, ჩვენ ავადაც კი არ გავხდებით თუკი ჭეშმარიტ რწმენაში ვიცხოვრებთ, რადგანორი ათასი წლის წინათ, იესო ქრისტე მოევლინა ამ ქვეყანას და ზიდა ყველა ჩვენი მძიმე ტვირთი. და როგორც იმისი გვჯერა, რომ იესომ გაგვათავისუფლა ჩვენი ცოდვებისაგან მისი დასჯით და თავის თავზე აიღო ჩვენი სიძაბუნე, (მათე 8:17) და გაგვკურნა, იგივე მოხდება ჩვენი რწმენის შესაბამისად (ესაია 53:5-6; 1 პეტრე 2:24).

მანამ, სანამ უფალს შევიცნობდით, არ გვქონდა რწმენა. ჩვენ ვცხოვრობდით ჩვენივე ცოდვილი ბუნების

წადილის დასაკმაყოფილებლად და ამ ცოდვების შედეგად, ვიტანჯებოდით სხვადასხვა დაავადებებისაგან. როდესაც ჩვენ რწმენაში ვიცხოვრებთ და ყველაფერს ჭეშმარიტებაში ვაკეთებთ, მაშინ ჩვენ გვებოძება ფიზიკურად ჯანმრთელობის კურთხევა.

თუკი გონება ჯანმრთელია, მაშინ სხეულიც ჯანმრთელი იქნება. თუკი ჩვენ ჭეშმარიტებაში და უფლის მცნებების მიხედვით ვიცხოვრებთ, ჩვენი სხეულები სულიწმინდით აღივსება. სნეულებები ჩამოგვშორდება როდესაც ჩვენი სხეული ფიზიკურ ჯანმრთელობას მიიღებს, და აღარ შეგვეყრება არანაირი დაავადება. ჩვენი სხეულები დაიმკვიდრებს სიმშვიდეს, იგრძნობს ამსუბუქებას, სილაღესა და სიჯანსაღეს, და არაფერი აღარ მოგვინდება, გარდა ბოძებული ჯანმრთელობისათვის უფლისადმი მადლიერი ყოფნისა.

დაე მართლად და რწმენით იმოქმედეთ, რომ თქვენი სული გამოჯანსაღდეს, განიკურნეთ ყოველი დაავადებისა და სიმაზუნისაგან, და გახდით ჯანმრთელები! დაე მიიღეთ უფლის უსაზღვრო სიყვარული როცა ემორჩილებით და მისი მცნებებით ცხოვრობთ – ყველა ამაზე უფლის სახელით ვლოცულობ!

თავი 4

მისი წყლულებით ჩვენ განვიკურნეთ

ესაია 53:4-5

ნამდვილად კი, მან იკისრა ჩვენი სნებები და იტვირთა ჩვენი სატანჯველი; ჩვენ კი გვეგონა, ღვთისგან იყო ნაცემ-ნაგვემი და დამცირებული. მაგრამ ის ჩვენი ცოდვებისთვის იყო დაჭრილი, ჩვენი უკეთურობებისთვის დალეწილი; მასზე იყო სასჯელი ჩვენი სიმრთელისთვის და მისი წყლულებით ჩვენ განვიკურნეთ.

იესომ, როგორც ღმერთის ძემ, განკურნა ყველა ჩვენი სნეულება

ვინაიდან ადამიანები თავიანთ ცხოვრების კურს თვითონ მართავენ, ისინი იწვევენ სხვადასხვა პრობლემების არსებობას. და როგორც ზღვა არ არის ყოველთვის წყნარი, ასევე ოჯახიდან, სამსახურიდან, საქმიდან, დაავადებებიდან, სიმდიდრიდან და ა.შ გადმოედინება უამრავი პრობლემა ცხოვრები ზღვაში. ეს არ იქნება გადაჭარბებული, თუ ვიტყვით, რომ ამ პრობლემებთა შორის, ყველაზე თვალსაჩინო პრობლემა სნეულებაა.

მიუხედავად ადამიანის მიერ დაგროვილი სიმდიდრისა და ცოდნისა, თუკი იგი შეპყრობილი იქნება რაიმე სერიოზული დაავადებით, ყველაფერი ის, რისთვისაც იგი მთელი ცხოვრების მანძილზე იღწვოდა, უბრალოდ ბუშტია და მეტი არაფერი. ერთის მხრივ, ჩვენ ვამჩნევთ რომ მატერიალური ცივილიზაციის მიღწევებთან და ქონების გაზრდასთან ერთად, ადამიანის ნდომა ჯანმრთელი ცხოვრებისთვისაც შესაბამისად იზრდება. მეორეს მხრივ, მიუხედავად იმისა თუ რა შორს წავიდა მედიცინისა და მეცნიერების განვითარება, ახალი და იშვიათი დაავადებები ჩნდება, რომელთა წინააღმდეგ ადამიანთა ცოდნა უძლურია – ასეთი დაავადებები აღმოჩენის და მათ გამო ადამიანთა ტანჯვის რიცხვი თანაბრად იზრდება. სავარაუდოდ, სწორად ამიტომაა, რომ დღესდღეობით ჯანმრთელობაზე ასეთი დიდი

აქცენტი კეთდება.

ცოდვებისაგან გამომდინარე ტანჯვა, სნეულებები და სიკვდილი მიგვითითებს ადამიანის შესაძლებლობის შეზღუდულობაზე. როგორც ღმერთი ამას ძველი აღთქმის ჟამიანობისას აკეთებდა, მკურნალი უფალი უჩვენებს ხალხს რომელთაც სწამთ მისი, გზას, რომლის მეშვეობითაც იესო ქრისტეს რწმენით ყველა დაავადებებისაგან განიკურნებიან. მოდით ღრმად ჩავსწვდეთ ბიბლიას და ვიხილოთ, თუ რატომ იღებენ ადამიანები პასუხებს მათი სნეულებების პრობლემებზე და იესო ქრისტეს რწმენით ეწევიან ჯანსაღ ცხოვრებას.

როდესაც იესომ ჰკითხა თავის მოწაფეებს, „თქვენ თვითონ ვინღა გგონივართ მე?" სიმონმა, იმავე პეტრემ მიუგო, „შენა ხარ ქრისტე, ძე ცოცხალი ღმრთისა" (მათე 16:15-16). ეს პასუხი საკმაოდ მარტივად ჟღერს, მაგრამ იგი ასევე ცხადყოფს, რომ მხოლოდ იესოა ქრისტე.

მისი მოღვაწეობის დროს, ხალხთა უდიდესი ბრბო დაჰყვებოდა იესოს უკან, რადგან იგი მაშინვე კურნავდა ადამიანებს, რომლებიც ავად იყვნენ. დემონით შეპყრობილობის, ეპილეფსიის, დამბლის და უამრავი სხვა სახის დაავადებებისაგან გამოწვეული ტანჯვის ჩათვლით. როდესაც კეთროვანი, ციებ-ცხელებით შეპყრობილი ადამიანები, კუზიანები, ბრმები და სხვებით იესოს ერთი შეხებით იკურნებოდნენ, ისინი იწყებდნენ მის უკან დევნებას და მსახურებას. როგორი განსაცვიფრებელი იქნებოდა ეს სანახაობა? ასეთი სასწაულებისა და საკვირველების თვითმხილველობის

გამო, ხალხს სწამდა და ეზიარებოდა იესოს, იღებდა პასუხებს ცხოვრების სიძნელეებზე, და სნეული იღებდა განკურნების ძალის გამოცდილებას. მეტიც, ისევე როგორც იესოს მოღვაწეობის დროს იგი განკურნავდა ხალხს, დღესაც კი, ვინც წარდგება მის წინ, ასევე შეუძლია მიიღოს განკურნება.

ჩემი ეკლესიის დაფუძნების შემდეგ, კაცმა, რომელიც არცისე განსხვავდებოდა დავრდომილისაგან, იწყო პარასკევს მთელი ღამის წირვებზე დასწრება. საავტომობილო ავარიის შემდეგ, კაცი დიდი ხნის განმავლობაში გადიოდა თერაპიას საავადმყოფოში. თუმცა, ვინაიდან მისი მუხლის მყესები დაჭიმული იყო, მას არ შეეძლო მოეხარა მუხლი კანჭის უმოძრაობის გამო, მისთვის შეუძლებელი იყო სიარული. და ვინაიდან იგი ქადაგებას ისმენდა, მან მოისურვა მიეღო იესო ქრისტე და განკურნებულიყო. როდესაც მე მხურვალედ ვლოცულობდი ამ კაცისთვის, იგი მაშინვე ადგა და იწყო სიარული და სირბილიც კი. ზუსტად ისე გამომჟავნდა უფლის სასწაულებრივი საქმე, როგორც ტაძრის ბჭესთან (რომელსაც „მშვენიერი“ ერქვა) მყოფი დავრდომილი წამოხტა ფეხზე და იწყო სიარული პეტრეს დალოცვის შემდეგ (საქმე 3:1-10).

ეს მსახურობს იმის მტკიცებულებას, რომ ნებისმიერი ვისაც სჯერა იესო ქრისტესი და მიიღებს შენდობას მისი სახელით, შეუძლია სავსებით განიკურნოს ყველა დაავადებისაგან, მისი სხეული ახლდება და რჩება

– მაშინაც კი, თუ იგი ვერ განიკურნა სამედიცინო მეცნიერების მეშვეობით. უფალი, რომელიც იგივე იყო გუშინ და იგივეა დღესაც და იქნება უკუნისამდე (ებრაელთა 13:8), მოქმედებს იმ ხალხში, რომელთაც სჯერათ მისი სიტყვის და ცდილობენ გაიღრმავონ მათი რწმენა, სჯერათ რომ იგი განკურნავს სხვადასხვა დაავადებებს, აუხელს თვალს ბრმას და დავრდომილი ადგება.

ყველას, ვინც მიიღეო იესო ქრისტე, მიეტევა ყველა ცოდვა, ახლა გახდა უფლის შვილი და უნდა იცხოვროს თავისუფლებაში.

მოდით დეტალურად განვიხილოთ თუ რატომ შეუძლია თვითოეულ ჩვენგანს ეწიეოს ჯანმრთელ ცხოვრებას, როდესაც ჩვენ იესო ქრისტეს ვიწამებთ.

იესო გაიშოლტა და დაღვარა თავისი სისხლი

მის ჯვარცმამდე, იესო გაშოლტილ იქნა რომაელების მიერ და დაღვარა სისხლი პილატე პონტოელის სასამართლოში. მისი დროის რომაელი ჯარისკაცები მეტად ბრგე, ძალზედ ძლიერები და კარგად ნავარჯიშები იყვნენ. რაც არ უნდა იყოს, ისინი იმ იმპერიის ჯარისკაცები იყვნენ, რომელიც იმ დროისთვის სამყაროს მართავდა. შეუძლებელია ადეკვატური სიტყვებით აღწერო ის ტკივილი, რომელიც აიტანა იესომ ამ ძალ-ღონით სავსე ჯარისკაცების მიერ გაწკეპვლითა და გაშოლტვით. ყოველი შოლტის დარტყმაზე, მათრახი

ეჭირებოდა იესოს სხეულს გარშემო და გლეჯდა ხორცს და მისი სისხლი გადმოედინებოდა სხეულიდან.

რატომ გაიწკეპლა უცოდველი, უმანკო, და უნაკლო იესო ასე სასტიკად ჩვენთვის, ცოდვილებისთვის? ამ მოქმედებაში ჩადგმულია სულიერი გავლენის უდიდესი სიღრმე და საოცარი გამოვლინება უფლისა.

1 პეტრე 2:24 გვაუწყებს რომ იესოს ნაიარევებით ჩვენ განვიკურნეთ. ესაია 53:5-ში ჩვენ ვკითხულობ, რომ მისი წყლულებით ჩვენ განვიკურნეთ. დაახლოებით ორი ათასი წლის წინათ, იესო ქრისტე, ძე ღვთისა გაიშოლტა იმისათვის, რომ გავეთავისუფლებინეთ ჩვენი აგონიისა და დაავადებებისაგან და მისი დაღვრილი სისხლი განკუთვნილი იყო ჩვენი ცოდვებისათვის, იმის გამო რომ არ ვცხოვრობდით უფლის მცნების შესაბამისად. როდესაც ჩვენ ვიწამებთ იესოს რომელიც გაიშოლტა და დაღვარა სისხლი, ჩვენ უკვე გათავისუფლებული ვიგნებით დაავადებებისაგან და განვიკურნებით. ეს არის უფლის ნიშანი გასაოცარი სიყვარულისა და სიბრძნისა.

ამიტომ, თუკი შენ – უფლის შვილი – იტანჯები დაავადებებისაგან, მოინანიე შენი ცოდვები და დაიჯერე რომ უკვე განკურნებული ხარ. ვინაიდან „რწმენა არის უეჭველობა იმისა, რასაც მოველით, და წვდომა უხილავისა“ (ებრაელთა 11:1), მაშინაც კი, როდესაც თქვენ ტკივილს იგრძნობთ სხეულის სხვადასხვა ნაწილში, თუკი რწმენით იტყვით „მე უკვე განვიკურნე“, მაშინ თქვენ მალევე უსათუოდ განიკურნებით.

ჩემი სკოლის წლების პერიოდში, მე ვიტკინე ნეკნები და როდესაც ისინი დროდადრო ხორცდებოდნენ, შემდეგ ტკივილი ისე აუტენალეი იყო, რომ მე სუნთქვა მიძნელდებოდა. ერთი თუ ორი წლის შემდეგ მე ვიწამე იესო ქრისტე, ტკივილი მეორდებოდა, როცა მე ვცდილობდა ამეწია მწიმე ნივთი და მეორე ნაბიჯის გადადგმასაც კი ვერ ვახერხებდი. მაგრამ, მიუხედავად ამისა, ვინაიდან მე ჩემს თავზე მქონდა გამოცდილი და მჯეროდა ყოვლისშემძლე უფლის ძალის, მე მხურვალედ ვლოცულობდი, „ლოცვის შემდეგ თუკი მე გავმოძრავდები, მე მჯერა რომ ტკივილი გაქრება და გავივლი." და როდესაც მე ვირწმუნე ყოვლისშემძლე უფლის და ამოვიკვეთე ტკივილზე პიქრი, მე შევძელი ავმდგარიყავი და გამევლო. ისე გეგონებოდა, რომ თითქოს ტკივილი მხოლოდ ჩემი წარმოსახვის ნაყოფი ყოფილიყოს.

როგორც იესომ გვითხრა მარკოზი 11:24-ში, „ამიტომ გეუბნებით თქვენ: რასაც ლოცვაში ითხოვთ, გწამდეთ, ყველაფერს მიიღებთ და მოგეცემათ." თუკი ჩვენ დავიჯერებთ, რომ უკვე განვიკურნეთ, ჩვენ უსათოდ მივიღებთ განკურნებას ჩვენი რწმენის გამო. ხოლო, თუკი ჩვენ ვიფიქრებთ რომ ჯერ არ განვკურნებულვართ მტანჯველი ტკივილის შეგრძნების გამო, დაავადება არ განიკურნება. სხვა სიტყვებით, თუკი ჩვენ ჩვენი აზროვნების ჩარჩოებს გავაპობთ, ყველაფერი შესრულდება ჩვენი რწმენის შესაბამისად.

ამიტომაც გვეუბნება უფალი რომ ცოდვილი გონება

ღვთის მტრობაა, (რომაელთა 8:7) და მოგვიწოდებს რომ დავატყვევოთ ყოველი ზრახვა და დავამორჩილოთ ისინი უფალს (2 კორინთელთა 10:5). მეტიც, მათე 8:17-ში ჩვენ ვხვდებით რომ იესომ თავის თავზე აიღო ჩვენი უძლურებანი და იტვირთა ჩვენი სნეულებანი. თუკი შენ გაიფიქრებ „მე უძლური ვარ", მაშინ შენ უძლური დარჩები. არ აქვს მნიშვნელობა რაოდენ რთული და გამაწამებელია თქვენი ცხოვრება, თუკი თქვენი ბაგე აღუთქვამს, „მე ჩემში მაქვს უფლის ძალა და წყალობა და სულიწმინდის შთაგონებით, მე არ ვარ დაძაბუნებული," მაშინ დაძაბუნება გაქრება და თქვენ გადაიქცევით მხნე ადამიანად.

თუკი ჩვენ ვიწამებთ იესო ქრისტეს, რომელმაც თავის თავზე აიღო ჩვენი უძლურებანი და იტვირთა ჩვენი სნეულებანი, უნდა გვახსოვდეს, რომ მაშინ აღარ იარსებებს მიზეზი, რის გამოც ჩვენ სნეულებებისაგან გავიტანჯებით.

როდესაც უფალმა იხილა მათი რწმენა

ახლა, როდესაც იესოს მიერ გაშოლტვით ჩვენ სნეულებებისაგან განვიკურნეთ, ჩვენ გვჭირდება მხოლოდ რწმენა, რომლის მეშვეობითაც ამ ყველაფერს დავიჯერებთ. დღესდღეობით, ადამიანები, რომლებთაც არ სწამდათ იესო ქრისტესი, წარუდგებიან მას წინ თავიანთი სნეულებებით. ზოგიერთები მოკლე დროში იკურნებიან, მას შემდეგ რაც ირწმუნებენ იესო ქრისტეს,

მაშინ, როცა სხვები თვეობით ლოცვის შემდეგაც არანაირ პროგრესს არ უჩვენებენ. მეორე ადამიანთა ჯგუფმა უნდა გაჰხედოს წარსულს და განიწმინდოს რწმენა.

მოდით მარკოზი 2:1-12-ში მოხსენიებული ამბის დახმარებით, განვიხილოთ თუ როგორ გამოხატა დავრდომილმა და მისმა ოთხმა მეგობარმა რწმენა, შესწვდნენ უფლის მკურნალ ხელს რომ განეკურნათ დავრდომილი, და ადიდეს უფალი.

როდესაც იესო მივიდა კაპერნაუმში, მისი მოსვლის ამბავი მალე გავრცელდა და უამრავი ხალხი შეგროვდა. იესო უქადაგებდა მათ უფლის მცნებებს – ჭეშმარიტებას – და ხალხი ყურადღებით უსმენდა, არ უნდოდათ იესოს ერთი სიტყვაც კი გამოჰპარვოდათ. ზუსტად ამ დროს, ოთხმა კაცმა თან წაიყოლეს დავრდომილი საკაცით, მაგრამ ხალხის სიმრავლის გამო, მათ ვერ შეძლეს იესოსთან ახლოს მიეყვანათ დავრდომილი.

მიუხედავად ამისა, ისინი არ დანებდნენ. ამის ნაცვლად, ისინი ავიდნენ იმ სახლის სახურავზე სადაც იესო იმყოფებოდა, იესოს მაღლა ამოტეხეს და დაბლა დაუშვეს საკაცე, რომელზეც დავრდომილი იწვა. როდესაც იესომ იხილა მათი რწმენა, მან მიუგო დავრდომილს, „აღდეგ, აიღე შენი სარეცელი და წადი შენს სახლში." და დავრდომილმა მიიღო განკურნება, რომლისთვისაც იგი ასე იღწვოდა. როდესაც მან თავისი სარეცელი აიღო და ყველას დასანახად გაიარა, ხალხი განცვიფრდა და მადლი შეასხეს უფალს.

დავრდომილი ისე იტანჯებოდა ამ საშინელი

დაავადებისგან, რომ მას თავისით გადაადგილებაც კი არ შეეძლო. როდესაც დავრდომილმა შეიტყო იესოს ამბავი, რომელმაც თვალი აუხილა ბრმას, ფეხზე წამოაყენა დავრდომილი, განკურნა კეთრი, გამოდევნა დემონები და განკურნა სხვა დაავადებისაგან გატანჯული ადამიანები, მან სასოწარკვეთილად მოისურვა იესოსთან შეხვედრა. და ვინაიდან მას წრფელი გული გააჩნდა, როდესაც დავრდომილმა შეიტყო თუ სად იქნებოდა იესო, მან მოიქადინა მასთან ხლება.

და ერთ დღესაც, მან შეიტყო რომ იესო კაპერნაუმში მოვიდა. წარმოგიდგენიათ როგორი მოხარული იქნებოდა იგი ამ ამბის შეტყობის გამო? მას უნდა მოეძია მეგობრები, რომლებიც დაეხმარებოდნენ მას, და მისი მეგობრები, რომელთაც თვითონ გააჩდათ რწმენა, მზად იყვნენ შეესრულებინათ მეგობრის თხოვნა. ვინაიდან დავრდომილის მეგობრებსაც სმენოდათ იესოს შესახებ, მათ თანხმობა განაცხადეს, როდესაც მათმა მეგობარმა იესოსთან მიყვანა სთხოვა.

თუკი დავრდომილის მეგობრები მის თხოვნას აბუჩად აიგდებდნენ და უგულვებელყოფდნენ და ეტყოდნენ, „როგორ შეიძლება ასეთი რამეების გჯეროდეს, როდესაც შენი თვალითაც კი არ გინახავს?“ მაშინ ისინი არ აიღებდნენ ამხელა საზრუნავს თავიანთ თავზე მეგობრის დასახმარებლად. თუმცა, ვინაიდან მათაც ჰქონდათ რწმენა, მათ შესძლეს თავიანთი მეგობრის საკაცით წაყვანა, თითოეული სარეცლის ერთ მხარეს ზიდავდა და მათ ასევე იზრუნეს სახლის ჭერის ახდაზე.

როგორი დადარდიანებული და შეწუხებულნი იქნებოდნენ ისინი, როდესაც იხილავდნენ ამოდენა ხალხის ბრბოს, რომელთა გაპობა და იესოსთან მიახლოება შეუძლებელი იყო. მათ უნდა ეთხოვათ და ევედრათ პატარა სივრცისთვისაც კი. თუმცა, ხალხის სიმრავლის გამო, რომლებიც შეკრებილნი იყვნენ, მათ ვერ დაინახეს სივრცე და და სასო ეკვეთებოდათ. საბოლოოდ, მათ გადაწყვიტეს ასულიყვნენ იმ სახლის სახურავზე, სადაც იესო იმყოფებოდა, ახადეს თავი და იესოს წინ დაუშვეს სარეცელი, რომელზეც მათი მეგობარი იწვა. დავრდომილი ყველაზე ახლოს მივიდა იესოსთან ვიდრე სხვა დანარჩენი მოგროვილი ხალხი. ამ ამბით, ჩვენ შევიტყობთ, თუ როგორ გულმხურვალედ სურდათ დავრდომილს და მის მეგობრებს იესოს წინაშე წარდგენა.

ჩვენ ყურადღება უნდა მივაქციოთ იმ ფაქტს, რომ დავრდომილი და მისი მეგობრები უბრალოდ კი არ მიუახლოვდნენ იესოს, არამედ მათ წინააღმდეგობები გადალახეს რომ მიახლებოდნენ მას, იესოზე გაგებული ამბების გამო. ეს ამბავი გვაუწყებს რომ მათ ირწმუნეს იესოს მიერ ნაქადაგები და გავრცელებული სწავლულებანი. მეტიც, მათ გადალახეს სირთულეები და უკან მოიტოვეს იესოსთან დაგროვილი აგრესიული ხალხი და როდესაც ისინი იესოს წინაშე წარდგნენ, აჩვენთეს მას თუ რაოდენ მორჩილი გულის პატრონები იყვნენ დავრდომილი და მისი მეგობრები.

როდესაც ხალხმა დაინახა სახურავზე ამავალი და სახურავის ამხდელი დავრდომილი და მისი მეგობრები,

ისინი შეაჩვენებდნენ კიდევაც მათ და შეიძლება გაბრაზებულიყვნენ. შეიძლება ამას ისეთი ვითარება გამოეწვია, რომელსაც ჩვენ ვერც კი წარმოვიდგენთ. მიუხედავად ამისა, არ იყო არავინ ისეთი, ვინც ამ ხუთ ადამიანს გზას გადაუღობავდა. მას შემდეგ, რაც ისინი შეხვდნენ იესოს და დავრდომილი განიკურნა, ისინი ადვილად შეძლებდნენ შეეკეთებინათ სახურავი ან გადაეხადათ დაზიანებული სახურავის საფასური.

თუმცა, იმ ადამიანთა შორის, რომლებიც სხვადასხვა დაავადებებით იტანჯებიან, ძნელია იპოვნო ისეთი ავადმყოფი ან მისი ოჯახი, რომლებიც რწმენას ავლენენ. ამის ნაცვლად, ისინი აგრესიულად უახლოვდებიან იესოს, და სწრაფად წამოიძახებენ „მე საშინელი სენი მაქვს. მე მსურს ვიარო, მაგრამ არ შემიძია", ან „ჩემი ოჯახის ესადაეს წევრი ისეთი დაუძლურებულია, რომ არ შეუძლია მოძრაობა." საწყენია ხედავდე ისეთ პასიურ ადამიანებს, რომლებსაც მხოლოდ სურთ ვაშლის ხიდან, პირდაპირ მათ პირში ჩავარდეს ვაშლი. სხვა სიტყვებით, ასეთ ხალხს აკლიათ რწმენა.

თუკი ადამიანები აღუთქვამენ უფლისადმი რწმენას, მაშინ მათ ასევე უნდა გამოავლინონ გულითადობა, რომლის მეშვეობითაც უჩვენებენ თავიანთ რწმენას. არ შეიძლება მოგევლინოს უფლის ძალა ისეთი რწმენით, რომელიც დააგროვე მხოლოდ ცოდნით, მხოლოდ მაშინ იქნება შენი რწმენა ცოცხალი და მხოლოდ იმ შემთხვევაში ააგებ სულიერ რწმენას, თუკი მას საქმით გამოხატავ. და ისევე, როგორც დავრდომილის რწმენის

საფუძველზე მიიღო უფლის ქმედება განკურნებისა, ჩვენც ასევე უნდა გავხდეთ ბრძენნი და ვუჩვენოთ მას ჩვენი რწმენის საფუძველი – თვით რწმენა – რომ ასევე ჩვენც ვეწიოთ ისეთ ცხოვრებას, რომელშიც უფლისადმი ბოძებულ სულიერ რწმენას მივიღებთ და განვიცდით მის სასწაულებს.

შენი ცოდვები შენდობილია

იესოს წინაშე მისი მეგობრების დახმარებით წარდგენილ დავრდომილს იესომ მიუგო, „შვილო, შენი ცოდვები შენდობილია“ და ამით მოუგვარა ცოდვების პრობლემა. ადამიანისთვის შეუძლებელია მიიღოს პასუხი, როდესაც მასსა და უფალს შორის ცოდვის კედელია, იესომ პირველ რიგში მოაგვარა დავრდომილის ცოდვების პრობლემა, რომელიც წარუდგა მას ღრმა რწმენით.

თუკი ჩვენ მართლაც ვაღიარებთ ჩვენს რწმენას უფლისადმი, ბიბლია მოგვითხრობს თუ როგორ უნდა მოვიქცეთ და როგორი სახით უნდა წავრდგეთ უფლის წინაშე ისეთი ბრძანებების დამორჩილებით, როგორიცაა „ჰქმენ“, „ნუ იზამ“, „შეინარჩუნე“, „განკვეთე“, და მისთანანი, ცრუ გარდაიქმნება უბიწო ადამიანად, მატყუარა გადაიქცევა მართალ და პატიოსან ადამიანად. როდესაც ჩვენ ვემორჩილებით ჭეშმარიტ სიტყვას, მაშინ უფლის სისხლით განიწმინდება ჩვენი ცოდვები და როდესაც ჩვენ მივიღებთ პატიებას, მაშინ უფლიი

დაგვიფარავს და ზეცით მოიღებს ჩვენზე პასუხებს.

ყოველი სნეულება გამომდინარეობს ცოდვიდან, როდესაც ცოდვის პრობლემა მოგვარდება, მაშინ ადგილი ექნება იმ ვითარებას, რომელშიც უფალი გამოავლენს მის ძალას. ისევე როგორც ნათურა ინთება და ამოქმედდება მანქანა როდესაც ელექტროზა შედის ანოდში და გამოედინება კათოდიდან, ასევე როდესაც უფალი ხედავს ადამიანის ღრმა რწმენას, მაშინ იგი შეუნდობს მათ და ზემოდან უბოძებს რწმენას, და ამით გამოიწვევა სასწაული

„აღდეგ, აიღე შენი სარეცელი და წადი შენს სახლში" (მარკოზი 2:11). როგორი გულის გამათბობელი ციტატაა ეს? დავრდომილისა და მისი ოთხი მეგობრის რწმენის დანახვის გამო, იესომ გადაწყვიტა დავრდომილის ცოდვის პრობლემა და მან მაშინვე გაიარა. დიდი ხნის წადილის შემდეგ, იგი კვლავ გამოჯანსაღდა. იგივე მოსაზრებით, თუკი ჩვენ გვსურს პასუხების მიღება არამარტო სნეულებაზე, არამედ სხვა პრობლემებზეც, რომლებიც ჩვენ გაგვაჩნია, მაშინ უნდა გვახსოვდეს რომ ჯერ, ჩვენ უნდა მივიღოთ შეწყალება და განვიწმინდოთ გულები.

როდესაც ადამიანებს მცირე რწმენა აკვთ, მათ შეიძლება ეძიონ მათი დაავადების განკურნების საკითხს მედიცინისა და ფიზიკოსების მინდობით, მაგრამ როდესაც მათი რწმენა იზრდება და უყვართ უფალი და ცხოვრობენ მისი მცნებების შესაბამისად, დაავედებები

საერთოდ არ შეეყრებათ მათ. იმ შემთხვევაშიც თუკი ისინი დაავადდებიან, გაჰხედავენ თავიანთ წარსულს, გულის სიღრმიდან მოინანიებენ, და გადაუხვევენ თავიანთი ცოდვილი გზებიდან, ისინი მაშინვე მიიღებენ განკურნებას. მე ვიცი, რომ ბევრ თქვენგანს გამოუცდია ეს.

ცოტა ხნის წინ, ჩემს ეკლესიაში მოულოდნელად ერთ მოხუცს დაუსვეს ხერხემლის გამრუდები დიაგნოზი, და მას არ შეეძლო გამოძრავებაც კი. მან მაშინვე გაჰხედა თავის ცხოვრებას, მოინანია და მიიღო ჩემი ლოცვები. ადგილი ჰქონდა უფლის განკურნების ქმედებას და იგი კვლავ კარგად გახდა.

როდესაც მისი ქალიშვილი ხურვებით იტანჯებოდა, ბავშვის დედა მიხვდა, რომ ბავშვის ტანჯვას საფუძვლად მისი ფიცხი ხასიათი ედო, და როდესაც მან მოინანია ეს, ბავშვი კვლავ გამოჯანმრთელდა.

კაცობრიობის მოდგმის გადასარჩენად, რომელიც ადამის ურჩობის ცოდვის გამო განადგურების გზას მიჰყვება, უფალმა მოავლინა იესო ქრისტე ამ ქვეყნად, და გაიღო იგი სატანჯველად და ხის ჯვარზე საცმელად ჩვენს გამო. ამიტომაცაა რომ ბიბლიაში თქმულა, „სისხლის დათხევის გარეშე არ არსებობს მიტევება“ (ებრაელთა 9:22) და „წყეულია ყველა, ვინც ჰკიდია ძელზე“ (გალათელთა 3:13).

ახლა, როდესაც ჩვენ ვიცით რომ დაავადების პრობლემა ცოდვიდან გამომდინარეობს, ჩვენ ყველა ჩვენი ცოდვა გულითადად უნდა მოვინანიოთ ისეო ქრისტეთი,

რომელმაც გაგვათავისუფლა ჩვენ სნეულებებისაგან და რწმენით ჩვენ უნდა გვსურდეს ჯანმრთელი ცხოვრებით ცხოვრება. უამრავი ძმათა შორის თავის თავზე განიცდის განკურნებას, თვითმხილველები ხდებიან უფლის ძალის, და თან ატარებენ ცოცხალი ღმერთის მოწმეობას. ეს გვიჩვენებს ჩვენ რომ, ყველა, ვინც კი მიიღებს იესო ქრისტეს და მისი სახელით შესთხოვს, ყოველი დაავადების პრობლემაზე შეიძლება პასუხი გაგეცეს. არ აქვს მნიშვნელობა როგორი სერიოზული შეიძლება იყოს ადამიანის დაავადება, როდესაც მას გულში სჯერა იესო ქრისტესი, რომელიც ეწამა და დაღვარა თვისი სისხლი, მაშინ ადგილი ექნება უფლის გასაოცარ განკურნების ქმედებას.

საქმით გამტკიცებული რწმენა

ისევე როგორც დავრდომილმა მისი ოთხი მეგობრის დახმარებით მიიღო განკურნება, მას შემდეგ რაც მათ აჩვენეს თავიანთი რწმენა იესოს, თუკი გვსურს რომ ჩვენც აგვისრულდეს გულის წადილი, უნდა ვაჩვენოთ უფალს რწმენა, რომელსაც თან ახლავს საქმე, და ამით განვიმკტიცოთ რწმენის ფუძე. იმისათვის, რომ დავეხმაროთ მკითხველს გაიგოს „რწმენის" რაობა, მე გთავაზობთ მოკლე ახსნას.

ადამიანის ქრისტეთი ცხოვრების დროს, „რწმენა" შეიძლება გაყოფილი და ახსნილი იყოს ორ კატეგორიად. „ხორციელი რწმენა" ან „ცოდნისმიერი რწმენა"

განეკუთვნება ისეთ რწმენას, რის მეშვეობითაც ადამიანს სჯერა ფიზიკური მტკიცებულებების გამო და იმის გამო, რომ მცნებები შეესაბამება მის ცოდნასა და აზრებს. ამის საპირისპიროდ, „სულიერი რწმენა" არის ისეთი რწმენა, რომლის მეშვეობითაც ადამიანს სჯერა, მიუხედავად იმისა რომ მას არ შეუძლია რაიმეს დანახვა და მცნებები არ ეთანხმება მის ცოდნასა და აზრებს.

„ხორციელი რწმენის" დროს, ადამიანს სჯერა, რომ რაღაც ხილვადი, წარმოიქმნა მხოლოდ ისეთი რამისგან, რომელიც ასევე ხილვადია. „სულიერი რწმენა" არ ექნება ადამიანს, თუკი იგი შეუთანხმებს ერთმანეთს მის ცოდნასა და აზრებს, ასეთი რწმენის დროს, ადამიანს სჯერა, რომ რაღაც ხილვადი შეიძლება შექმნილი ყოფილიყო ისეთი რამისგან, რომელიც უხილავია. ამ ორიდგან მეორე, მოითხოვს რომ ადამიანმა უგულვებელყოს საკუთარი ცოდნა და აზრები.

დაბადებიდან, ადამიანის ტვინში უთვალავი რაოდენობის ცოდნაა ჩადებული. ჩაბეჭდილია ის, რასაც იგი ხედავს და ისმენს. ჩაბეჭდილია ისეთი რამეები, რასაც იგი სწავლობს სახლში და სკოლაშ. ჩაბეჭდილია ისეთი რაღაცეები, რასაც იგი სწავლობს სხვადასვა გარემოებებიდან და გარემოცვიდან. თუმცა, არანაირი ჩაბეჭდილი ცოდვა არ არის ჭეშმარიტი, თუკი რომელიმე მათგანი ეწინააღმდეგება უფლის მცნებებს, და ასეთი რამ ადამიანმა უბრალოდ უნდა ამოიკვეთოს. მაგალითად, სკოლაში ადამიანი სწავლობს, რომ ყოველი ცოცხალი არსება, გამოიყო ან განვითარდა ერთუჯრედიანიდან

მრავალ-უჯრედიან ორგანიზმამდე, მაგრამ ბიბლიიდან იგი სწავლობს, რომ ყოველი ცოცხალი არსება შექმნა უფალმა თავიანთი სახისდა მიხედვით. რა უნდა ქნას მან ასეთ შემთხვევაში? ევოლუციის თეორიის არასწორობა უკვე ნაჩვენები იქნა დროის და მეცნიერების მიერაც კი. ადამიანის მტკიცებით, როგორ შეიძლება, რომ მაიმუნი განვითარებულიყო ადამიანამდე და ბაყაყს ევოლუცია განეცადა ფრინველამდე ასობით მილიონი წლის დროის მონაკვეთში? ლოგიკურადაც კი სწორია ღმერთის მიერ სამყაროს შექმნა.

როდესაც შენი ეჭვები გაქარწყლდება, მაშინ „ხორციელი რწმენა“ გადაისახება „სულიერ რწმენაში“ და მაშინ შენ შეგეძლება რომ მოხვიდე და განიმტკიცო რწმენა. ამასთან ერთად, თუკი შენ აღიარებ უფლისადმი რწმენას, ახლა შენი მცნებებისგან მიღებული ცოდნა, პრაქტიკაში უნდა გამოიყენო. თუკი შენ აცხადებ რომ გჯერა უფლის, მაშინ შენ უნდა გამოასხივო წირვაზე სიარულით, მოყვასის სიყვარულით და უფლის ჭეშმარიტი მცნებების მორჩილებით.

თუკი მარკოზი 2-ში მოხსენიებული დავრდომილი დარჩებოდა სახლში, მაშინ იგი არც განიკურნებოდა. მაგრამ, მას სჯეროდა, რომ იგი განიკურნებოდა როდესაც ეახლებოდა იესოს და გამოაჩინა რწმენა ყველა შესაძლო მეთოდის გამოყენებით იმისათვის, რომ დავრდომილი განკურნებულიყო. თუკი ინდივიდი სახლის აშენებას მხოლოდ ლოცვით მოისურვებს, „უფალი, მე მჯერა

რომ ეს სახლი აშენდება", ასი და ათასი ლოცვაც კი არ გამოიწვევს სახლის თავისით აშენებას. მას ესაჭიროება, რომ საქმის თავისი წილი გააკეთოს საფუძვლის ჩაყრით, მიწაში ორმოს ამოთხრით, ბოძების დაყენებით და ასე შემდეგ; მოკლედ რომ ვთქვათ „ქმედება" საჭიროა.

თუკი თქვენ ან ვინმე სხვა თქვენი ოჯახიდან დაავადებისგან იტანჯება, გჯეროდეს რომ უფალი მოგიტევებს და მოახდენს განკურნებას, თუკი დაინახავს რომ თქვენს ოჯახში ყველანი სიყვარულით არიან გაერთიანებულნი, ერთიანობას, რომელსაც იგი ჩაუყრის რწმენის საფუძველს. ზოგიერთის თქმით, ყველაფერს თავისი დრო აქვს, ასევე თავისი დრო აქვს განკურნებასაც. ასე რომ, დაიმახსოვრეთ „დროა" მაშინ, როდესაც ადამიანი უფლის წინაშე გაიმყარებს თავისი რწმენის საფუძვლებს.

დაე მიიღეთ პასუხები თქვენს სნეულებაზე და ყველაფერზე რასაც კი შესთხოვთ უფალს, ადიდეთ იგი, უფლის სახელით მე გლოცავთ!

თავი 5

უძლურებათა განკურნების ძალა

მათე 10:1

მოუხმო თავის თორმეტ მოწაფეს, და მისცა მათ ხელმწიფება უწმინდურ სულთა განდევნისა და ყოველგვარი სენისა თუ ყოველგვარი უძლურების განკურნებისა.

სნეულებათა და უძლურებათა განკურნების ძალა

უამრავი გზა არსებობს რომ დაუმტკიცო ურწმუნოებს ცოცხალი ღმერთის არსებობა, და სნეულებებისგან განკურნება ერთ-ერთი ასეთი მეთოდია. როდესაც ადამიანები იტანჯებიან უკურნებადი და საბოლოო სტადიაზე მყოფი სნეულებებისაგან, რომელთა წინააღმდეგ მედიცინა უძლურია, და მიიღებენ განკურნებას, მაშინ მათ აღარ შეუძლიათ უარჰყონ შემოქმედი ღმერთის არსებობა, ამის ნაცვლად ისინი ირწმუნებენ უფლის ძალას და ადიდებენ მას.

მიუხედავად ადამიანთა ქონებისა, ძალა-უფლებისა, სახელისა და ცოდნისა, მათ უმეტესობას არ შეუძლია გადაწყვიტონ სნეულების პრობლემა და ისინი რჩებიან სნეულების სატანჯველში. მიუხედავად იმისა რომ სენთა დიდი რაოდენობა, რომლებიც სამედიცინო მეცნიერების უმაღლესი მიღწევების მეშვეობითაც კი არ იკურნება, ყველა უკურნებადი და ბოლო სტადიაში მყოფი დაავადებებიც კი შეიძლება განიკურნოს, თუკი ადამიანები იწამებენ ყოვლისშემძლე უფალს, დაეყრდნობიან მას, და თავიანთი სნეულებების პრობლემას მას მიანდობენ. ჩვენი უფალი, ყოვლისშემძლეა, ვისთვისაც არაფერია შეუძლებელი, რომელსაც შეუძლია არაფრისგან შექმნას ყველაფერი, კვირტი გამოასხას და გააყვავოს გამხმარი ჯოხს (რიცხვნი 17:8), და აღადგინოს მკვდარი (იოანე 11:17-44).

ჩვენი უფლის ძალას მართლაც რომ ყველა დაავადებისა და სნეულების განკურნება შეუძლია. მათე 4:23-ში ჩვენ ვხვდებით, „მიმოდიოდა იესო მთელს გალილეაში, ასწავლიდა მათ სინაგოგებში, ქადაგებდა სახარებას სასუფევლისას და კურნავდა ყოველგვარ სენსა და ყოველგვარ უძლურებას ხალხში." და მათე 8-17-ში ჩვენ ვკითხულობთ, „რათა აღსრულდეს თქმული ესაია წინასწარმეტყველის მიერ, რომელიც ამბობს: მან თავს იდო ჩვენი უძლურებანი და იტვირთა ჩვენი სნებანი." ამ წინადადებებში იკითხება, „სენი", „დაავადენა" და „უძლურება."

„უძლურება" აქ არ გამოიყენება როგორც შედარებით მსუბუქი ავადმყოფობა, როგორიც სიცხეა ან დაქანცულობისგან გამომდინარე სნეულება. ეს არის პარანორმალური მდგომარეობა, რომლის დროსაც, უბედური შემთხვევის ან მისი ან მისი მშობლების შეცდომის გამო, ადამიანის სხეული, სხეულის ნაწილი ან ცალკეული ორგანოები პარალიზებულ და გადაგვარებულ იქნა. მაგალითად ისეთი ადამიანები, რომლებიც არიან მუნჯი, ბრმა, ყრუ, დავრდომილი ან იტანჯებიან პარალიჩის საწყისი სტადიით (ცნობილი როგორც პოლიომიელიტი), და ასე შემდეგ – ვერ იქნებიან ადამიანის ცოდნით განკურნებულნი და ასეთი დაავადები კლასიფიცირებულია როგორც „უძლურებანი." ამასთან, უბედური შემთხვევით ან ადამიანის ან თავისი მშობლების მიერ დაშვებული შეცდომით გამოწვეული

ვითარებით, როგორც ეს იოანე 9:1-3-ში მოხსენიებული ბრმად დაბადებული კაცის შემთხვევაშია, არსებობენ ადამიანები, რომლებიც უძლურებებით იტანჯებიან იმისათვის, რომ უფალმა წარმოაჩინოს მისი დიდება. თუმცაღა, ასეთი შემთხვევები იშვიათობაა და ძირითადად ისინი გამოწვეულია ადამიანის უმეცრებითა და შეცდომებით.

როდესაც ადამიანები ინანიებენ და ეზიარებიან იესო ქრისტეს როდესაც ისინი ეძიებენ უფალს, ღმერთი მათ სულიწმინდით აჯილდოვებს. და სულიწმინდასთან ერთად, მათ ენიჭებათ უფლება გახდნენ უფლის შვილები. როდესაც სულიწმინდა მათთანაა, სნეულებების უმეტესობა იკურნება, გამონაკლისია ძალზედ რთული და სერიოზული შემთხვევები. ის ფაქტი, რომ მათ მხოლოდ სულიწმინდა მიიღეს, ნებას რთავს რომ ისინი შთაგონებული იქნენ სულიწმინდის ცეცხლით რომელიც მათ ნაჭრილობევს გააქარწყლებს. მეტიც, როდესაც ადამიანი იტანჯება კრიტიკული დაავადებისგან, თუკი იგი გულითადად ილოცებს რწმენაში, დააღშობს მასსა და უფალს შორის აღმართულ ცოდვის კედელს, გადაუხვევს ცოდვილი გზიდან და მოინანიებს, მაშინ იგი მიიღებს განკურნებას მისი რწმენის შესაბამისად.

„სულიწმინდის ცეცხლი“ აღნიშნავს ცეცხლით მონათვლას, რომელიც მაშინ ხდება, როდესაც ადამიანი შთაგონებულ იქნება სულიწმინდით, და უფლის თვალში, ეს არის მისი ძალის გამოვლინება. როდესაც

იოანე ნათლისმცემელის სულიერი თვალები ჰქონდა ღია, მან დაინახა და აღწერა ცეცხლი სულიწმინდისა როგორც „სულიწმინდის ცეცხლი." მათე 3:11-ში იოანე ნათლისმცემელი ამბობს, „მე წყლით გნათლავთ, რომ მოინანიოთ, ხოლო ჩემს შემდეგ მომავალი ჩემზე უძლიერესია, ვისი ხამლის ტარებისაც არა ვარ ღირსი; და ის მოგნათლავთ სული წმიდითა და ცეცხლით." ცეცხლით მონათვლა ყოველთვის არ ხდება, მხოლოდ მაშინ, როდესაც ადამიანი აღვსილია სულიწმინდით. ვინაიდან სულიწმინდის ცეცხლი მხოლოდ მათზე გადადის, ვინც სულიწმინდითაა აღვსილი, ამიტომ მათი ცოდვები და დაავადები ამოიშანთება და ადამიანი იწყებს ჯანმრთელი ცხოვრებით ცხოვრებას.

როდესაც ცეცხლით მონათვლა ამოშანთავს სნეულების წყევლას, დაავადებების უმეტესობა იკურნება; თუმცაღა, ცეცხლით მონათლვითაც კი არ იკურნება უძლურებანი. მაშ როგორღა შეიძლება განიკურნოს უძლურებანი?

ყველა უძლურება შეიძლება განიკურნოს მხოლოდ უფლისმიერ ბოძებული ძალით. ამიტომაცაა, რომ იოანე 9:32-33-ში ჩვენ ვხვდებით, „სად გაგონილა, რომ ვინმეს თვალი აეხილოს ბრმადშობილისთვის? ღმრთისაგან რომ არ იყოს, ვერაფერსაც ვერ გახდებოდა."

საქმე 3:1-10-ში არის ეპიზოდი, რომელშიც უფლისგან მიღებული ძალით პეტრე და იოანე ეხმარებიან კაცს ადგომაში, რომელიც ტაძრის კარიბჭესთან (სახელად „მშვენიერი") მჯდომარე მთხოვარობდა და რომელიც

დაბადებიდან დავრდომილი იყო. როდესაც პეტრემ მე-6 სტროფში მას უთხრა „ოქრო-ვერცხლი მე არა მაქვს, ხოლო რაცა მაქვს, მოგცემ: იესო ნაზარეველის სახელით აღდეგ და გაიარე!" და როდესაც დავრდომილი მარცხენა მკლავის დახმარებით წამოაყენა, კაცმა მაშინვე იგრძნო რომ მის ტერფებს და კოჭებს ძალა შეემატათ და მან იწყო უფლის დიდება. როდესაც ხალხმა დაინახეს რომ ყოფილი დავრდომილი ახლა დადიოდა და უფალს ადიდებდა, ისინი აღივსნენ საკვირველებით და საოცრებით.

თუკი ვინმეს განკურნება სურს, მაშინ მან უნდა წარმოაჩინოს რწმენა, რომელშიც მას იესო ქრისტესი სჯერა. მიუხედავად იმისა რომ დავრდომილი შეიძლება მხოლოდ მთხოვარა იყო, იგი განიკურნა იმიტომ, რომ სჯეროდა იესო ქრისტეთი იგი განკურნებას მიიღებდა იმათგან, ვისაც ღვთისაგან ბოძებული ძალა ჰქონდა, თუკი ისინი მისთვის ილოცებდნენ. ამიტომაცაა რომ საღმრთო წერილი ჩვენ გვეუბნება, „რაკიღა ირწმუნა მისი სახელი, ეს კაცი, ვისაც ხედავთ და იცნობთ, განამტკიცა მისმა სახელმა; და მისმა რწმენამ ყველა თქვენგანის წინაშე უბოძა სიმრთელე" (საქმე 3:16).

მათე 10:1-იდან ჩვენ ვიტყობთ რომ იესო თავის მოწაფეებს უწმინდური სულების საწინააღმდეგო ძალა მისცა, რომ განედევნათ ისინი და რომ განეკურნათ ყველა სახის დაავადება და ყველა სახის სნეულება. ძველი აღთქმის ჟამიანობის დროს, უფალმა მისცა უძლურებანის

განკურნების ძალა მის საყვარელ წინასწარმეტყველებს მოსეს, ელიას და ელისეს ჩათვლით; ახალი აღთქმის ჟამიანობის დროს, უფლის ეს ძალა ჰქონდათ ისეთ მოციქულებს, როგორიცაა პეტრე და პავლე, და ერთგულ მუშაკებს – სტეფანესა და ფილიპეს.

როდესაც ადამიანს უფლის ძალა ებოძება, არაფერია მისთვის შეუძლებელი, რადგან მას შეუძლია წამოაყენოს დავრდომი, განკურნოს ისინი, ვინც უმძიმესი დამბლით არის დაავადებული და მისცეს საშუალება, რომ გაიაროს, თვალი აუხილოს ბრმას, ყურთასმენა დაუბრუნოს ყრუს და ენა – ყრუ-მუნჯს.

უძლურებებისგან განკურნების სხვადასხვა გზები

1. უფლის ძალამ განკურნა ყრუ და ენაბლუ კაცი

მარკოზი 7:31-37-ში, არის ეპიზოდი, რომელშიც უფლის ძალა კურნავს ყრუსა და ენაბლუ კაცს. როდესაც ხალხმა ეს კაცი მიიყვანა იესოსთან და შესთხოვა მას ხელი დაედო ამ კაცისთვის, იესომ კაცი ცალკე გაიყვანა და თითით დაუცო ყურები. შემდეგ გადმოაფურთხა და მის ენას შეეხო. მან ზეცას აღაპყრო თვალები და ამოოხვრით უთხრა მას „ეფფათა!“ (რაც „იყავ განკურნებულს!“ ნიშნავს) (სტროფი 34). კაცს, მაშინვე გაეხსნა სმენა და აეხსნა დაბმული ენაც და გამართულად იწყო მეტყველება.

არ შეეძლო კი უფალს სიტყვით განეკურნა ეს კაციც,

როდესაც მან სიტყვით შექმნა ყველაფერი მთელს სამყაროში? რატომ დაუცო იესომ თითებით ყურები ამ კაცს? ვინაიდან ყრუ ადამიანს არ შეუძლია რამე ხმის გაგონება და მხოლოდ მუნჯის ნიშნებით ურთიერთობს, ეს კაცი ვერ შეძლებდა გამოეხატა რწმენა ისეთი გზით, როგორც ამას სხვები აკეთებენ, იესოს ხმა ამოღებით რომ ელაპარაკა მაშინაც კი. ვინაიდან იესომ იცოდა რომ კაცს რწმენა აკლდა, მან თითებით დაუცო ყურები კაცს, იმიტომ, რომ თითების შეხებით შეიძლებოდა კაცს მიეღო რწმენა, რომლითაც იგი შეიძლება განკურნებულიყო. ყველაზე მნიშვნელოვანი ელემენტი არის რწმენა, რომლითაც ადამიანი იჯერებს, რომ იგი შეიძლება განკურნებულ იქნეს. იესოს შეეძლი განეკურნა კაცი თავისი სიტყვით, მაგრამ ვინაიდან კაცს სმენა არ ჰქონდა, იესომ ჩაუნერგა რწმენა და ნება დართუ კაცს მიეღო განკურნება ასეთი მეთოდის გამოყენებით.

მაშ რატომ გადააფურთხა იესომ და შეეხო კაცის ენას? ის ფაქტი, რომ იესომ გადააფურთხა, გვეუბნება რომ კაცის ენაბლუობა გამოწვეული იყო ბოროტი სულებით. თუკი ვინმე რაიმე უმნიშვნელო მიზეზის გამო სახეში შეაფურთხებს, როგორ მიიღებ ამას? ეს არის შემბღალველი და ამორალური საქციელი, რომელიც მეტად აკნინებს ადამიანს. ვინაიდან გადაფურთხება ძირითადად გამოხატავს ვინმეს შეურაცხყოფას და დამცირებას, იესომაც იმისთვის გადააფურთხა, რომ გამოედევნა ბოროტი სული.

„დაბადება“-ში, ჩვენ ვხვდებით რომ ღმერთი

წყევლის გველს მთელი სიცოცხლის განმავლობაში მტვრის ჭამით. ეს, სხვა სიტყვებით, იხსნება როგორც უფლის წყევლა მტერ ეშმაკზე და სატანაზე, რომელიც ჩასახლდა გველში, რომელსაც ნადავლად უნდა გაეხადა მტვრისაგან შექმნილი ადამიანი. ამიტომაც, ადამიდან დაწყებული, მტერი ეშმაკი ცდილობდა ლუკმად გაეხადა ადამიანი და ეძებდა ყველანაირ საშუალებას ეწამა და შთაენთქა იგი. ისევე როგორც ბუზები, კოღოები და მატლები ბინადრობენ ჭუჭყიან ადგილებში, მტერი ეშმაკიც ბინადრობს იმ ადამიანებში, რომელთა გულებიც ცოდვით, ბოროტებით და სიფიცხით არის სავსე, და თავიანთი ფიქრების ტყვეებათ ხდის მათ. ჩვენ უნდა გავათვითცნობიეროთ რომ, მხოლოდ ისინი განიკურნებიან, ვინც ცხოვრობს და მოქმედებს უფლის მცნებებით.

2. უფლის ძალამ განკურნა ბრმა კაცი

მარკოზი 8:22-25-ში, ჩვენ ვხვდებით შემდეგს:

მივიდნენ ბეთსაიდას მიჰგვარეს ბრმა და შეევედრნენ, ხელი შეეხო მისთვის. ხელი ჩაჰკიდა ბრმას, სოფლიდან გაიყვანა, თვალებზე მიაფურთხა, ხელი დაადო და ჰკითხა: ხედავ რასმე? მანაც გაიხედა და თქვა: ხალხს ვხედავ, თითქოს ხეები დადიანო. მაშინ კვლავ დაადო ხელი თვალებზე და გაახელინა; დაუბრუნდა თვალის ჩინი და ყველაფერი ცხადად დაინახა

როდესაც იესო ამ კაცისთვის ლოცულობდა, მან კაცს თვალებში შეაფურთხა. რატომ აეხილა თვალი კაცს მას შემდეგ, რაც იესომ მეორედ ილოცა და არ აეხილა იესოს ლოცვის პირველივე ჯერზე? უფლის ძალით, იესოს შეეძლო სრულებით განეკურნა კაცი, მაგრამ ვინაიდან მას მცირე რწმენა ჰქონდა, იესომ მეორედაც ილოცა იმისათვის, რომ დაჰხმარებოდა კაცს მიეღო რწმენა. აქედან გამომდინარე, იესო გვასწავლის ჩვენ რომ ზოგიერთი ადამიანი, რომლებიც ვერ იღებენ განკურნებას, პირველ ჯერზე ისინი ლოცვას იღებენ, ჩვენ უნდა ვილოცოთ ასეთი ხალხისთვის ორჯერ, სამჯერ და ოთხჯერაც კი მანამ, სანამ რწმენის თესლი არ დაითესება, რომლის მეშვეობითაც ეს ადამიანი დაიჯერებს საკუთარ განკურნებას.

იესომ, რომლისთვისაც არაფერი არ იყო შეუძლებელი, ილოცა და კვლავ ილოცა, რადგან მან იცოდა, რომ ბრმა კაცი საკუთარი რწმენით ვერ განიკურნებოდა. რა უნდა ვქნათ ჩვენ? ჩვენ უნდა გავუძლოთ, უნდა ვევედროთ და ვილოცოთ მანამ, სანამ არ მივიღებთ განკურნებას.

იოანე 9:6-9-ში ბრმად დაბადებული კაცი იღებს განკურნებას, მას შემდეგ რაც იესო მიწაზე აფურთხებს, თავისი ნერწყვით ზელს ტალახს და შემდეგ ადებს ამ ტალახს თვალებზე. რატომ განკურნა იესომ ეს კაცი მიწაზე გადაფურთხებით, ნერწყვისგან ტალახის მოზელით და ამ ტალახის თვალებზე დადებით? ფურთხში აქ არაფერი უწმინდური არ მოიაზრება; იესო აფურთხებს მიწაზე იმისთვის, რომ მოზილოს ტალახი

და დაადოს ბრმა კაცს თვალებზე. იესომ ტალახისთვის თავისი ფურთხი გამოიყენა იმიტომ, რომ წყლის ნაკლებობა იყო. ძირმაგარის ან მუწუკის გამოსვლის დროს, ან როდესაც მწერი უკბენს ბავშვს, მშობლები ხშირად მზრუნველობით ადებენ მათ თავიანთ ნერწყვს. ჩვენ უნდა შევიცნოთ უფლის სიყვარული, რომელიც იყენებს სხვადასხვა საშუალებას იმისათვის, რომ დაეხმაროს სუსტს მიიღოს რწმენა.

როდესაც იესომ დაადო ტალახი ბრმა კაცს თვალებზე, კაცმა იგრძნო ტალახის ზემოქმედება თვალებში და მან მიიღო რწმენა, რომლითაც მას შეეძლო განკურნებულიყო. როდესაც იესომ კაცს, რომელსაც რწმენა აკლდა, რწმენა უბოძა, უფლის ძალით მან აუხილა კაცს თვალები.

იესო ჩვენ გვეუბნება, „თუკი არ იხილავთ სასწაულებსა და ნიშებს, არ ირწმუნებთ“ (იოანე 4:48). დღესდღეობით, შეუძლებელია დაეხმარო ადამიანებს შეიძინონ ისეთი რწმენა რომლის დროსაც ადამიანს მხოლოდ ბიბლიური მცნებებით სჯერა, თუკი ისინი თვითმხილველები არ გახდებიან განკურნების სასწაულების და საოცრების. ისეთ ხანაში, როდესაც მეცნიერება და ადამიანის ცოდნა უსაზღვროდ გაიზარდა, საშინლად ძნელია შეიძინო სულიერი რწმენა უხილავი ღმერთის არსებობის დასაჯერებლად. „დანახავა – დაჯერებაა“, გაგვიგია ჩვენ ხშირად. შესაბამისად, „სასწაულებრივი ნიშნები და საოცრებები“ უდავოდ საჭიროა, იმისათვის რომ ხალხის რწმენა გაიზარდოს და ადგილი ჰქონდეს განკურნებას უფრო ხშირად, რადგან ისინი ხედავენ ცოცხალი უფლის

თვალნათელ დამამტკიცებელ საბუთს.

3. უფლის ძალამ განკურნა დავრდომილი

როდესაც იესო ქადაგებდა სახარებას და კურნავდა ხალხს ყოველგვარი დაავადებებისა და ყოველგვარი სნეულებებისაგან, მისი მოწაფეებიც ასევე ავლენდნენ უფლის ძალას.

როდესაც პეტრემ უბრძანა დავრდომილ მთხოვარას, „იესო ნაზარეველის სახელით აღდეგ და გაიარე" (სტროფი 6), და აიზიდა მარჯვენა ხელით, კაცის ტერფებსა და კოჭებს მაშინვე დაუბრუნდა ძალა, იგი ფეხზე წამოხტა და იწყო სიარული (საქმე 3:6-10). როდესაც ხალხმა დაინახა სასწაულებრივი ნიშნები და საოცრებები, რომლებსაც პეტრე ახდენდა უფლის ძალის ზომების შემდეგ, უფრო მეტმა ადამიანმა იწყო უფლის რწმუნება. მათ გამოჰყავდათ სნეულნი ქუჩაში და აწვენდნენ საწოლზე ან ჭილოფზე, რომ როდესაც პეტრე გაივლიდა, მისი ჩრდილი მაინც დაცემულიყო ზოგიერთ მათგანზე. ხალხი იკრიბებოდა იერუსალიმის გარე ქალაქებიდანაც, მოჰყავდათ თავიანთი სნეულები და ისინი, ვინც დემონით იყვნენ შეპყრობილნი და ყოველი მათგანი იკურნებოდა (საქმე 5:14-16).

საქმე 8:5-8-ში ჩვენ ვხვდებით, „ასე, ფილიპე ჩავიდა სამარიელთა ქალაქში და უქადაგებდა მათ ქრისტეს. ხალხი ერთსულოვნად უგდებდა ყურს, რასაც ამბობდა ფილიპე, უსმენდა და ხედავდა სასწაულებს, რომლებსაც

ახდენდა იგი. ვინაიდან მრავალთაგან, ვინც უწმინდურ სულებს შეეპყროო ყვირილით. გამოდიოდნენ ისინი და მრავალი დავრდომილი და კოჭლი იკურნებოდა. და იყო დიდი სიხარული იმ ქალაქში."

საქმე 14:8-12-ში, ჩვენ ვკითხულობთ ფეხებმოწყვეტილ კაცზე, რომელიც დაბადებიდან დავრდომილი იყო და არასდროს არ გაუვლია. მას შემდეგ რაც მან მოისმინა პავლეს ქადაგება და შეიძინა რწმენა რომლის მეშვეობითაც მას შეეძლო მიეღო ხსნა, როდესაც პავლემ უბრძანა „აღსდეგ ფეხზე!" (სტროფი 10) იგი მაშინვე წამოხტა და დაიწყო სიარული. ისინი, ვინც ამ ინციდენტის თვითმხილველები იყვნენ, ამბობდნენ – „ღმერთები ჩამოვიდნენ დაბლა ადამიანის სახით!" (სტროფი 11)

საქმე 19:11-12-ში ჩვენ ვხედავთ „ხოლო ღმერთი მრავალ სასწაულს ახდენდა პავლეს ხელით. ასე რომ, მის ნაქონ ხელსახოცებს თუ წელსაკრავებს თვით სნეულთაც კი აფენდნენ, რომელნიც იკურნებოდნენ და უკეთური სულები გამოდიოდნენ მათგან." როგორი გამაოგნებელი და გასაოცარია უფლის ძალა?

უფლის ძალის გამოვლინება დღესდღეობითაც ხდება ისეთი ადამიანების მიერ, რომლებმაც პეტრეს, პავლეს, დეკანოზი ფილიპესა და სტეფანეს მსგავსად, მიაღწიეს განწმენდას და სრულქმნილ სიყვარულს. როდესაც ადამიანები უფლის წინაშე წარდგებიან რწმენით და ითხოვენ რომ მათი უძლურებანი განიკურნოს, ისინი შეიძლება განიკურნონ იმ უფლის მსახურების ლოცვის

მიღებით, რომელთა მეშვეობითაც უფალი ახდენს საქმეებს.

მანმინის დაფუძნებიდან, უფალმა ნება დამრთო მიმევლინა სხვადასხვაგვარი სასწაულებრივი ნიშნები და საოცრებები, დამეთესა რწმენა მრევლის გულებში, და მომეტანა დიდი აღორძინება.

იყო ერთი ქალი, რომელიც გახდა თავისი ლოთი ქმრის დასახიჩრების მსხვერპლი გახდა. როდესაც მისი მხედველობის ნერვებმა შეწყვიტეს ფუნქციონირება და ექიმებმა იმედი გადაიწურეს ძლიერი ფიზიკური დასახიჩრების გამო, ქალი მანმინში მოვიდა როდესაც მან მისი ამბავი შეიტყო. და ვინაიდან იგი გულითადად იღებდა მონაწილეობას წირვა-ლოცვებში და გულმხურვალედ ლოცულობდა განკურნებისთვის, მან მიიღო ჩემი დალოცვა და მიეცა საშუალება კვლავ დაენახა. უფლის ძალამ მთლიანად აღადგინა მხედველობის ნერვები, რომლებიც ერთ დროს სამუდამოდ წართმეულად ითვლებოდა.

სხვა შემთხვევაში, იყო ერთი კაცი, რომელიც იტანჯებოდა აუტანელი ჭრილობის გამო, მას ხერხემალი რვა ადგილას ჰქონდა გადამტვრეული. ვინაიდან მისი ქვედა კიდურები პარალიზებულ იქნა, იგი ორივე ფეხის ამპუტაციის ზღვარზე იყო. იესო ქრისტეს მიღების შემდეგ, მან თავიდან აიცილა ამპუტაცია, მაგრამ მაინც უწევდა ყავარჯნების გამოყენება. მან იწყო მანმინის სამლოცველო ცენტრში შეკრებებზე სიარული და ცოტა ხნის შემდეგ, პარასკევ-ღამის ლოცვა-წირვის დროს,

როდესაც კაცმა ჩემი დალოცვა მიიღო, მოისროლა ყავარჯნები, ორ ფეხზე გაიარა, და მას შემდეგ იგი გახდა სახარების გამავრცელებელი.

უფლის ძალას შეუძლია სრულებით განკურნოს უძლურებანი, რომელთა განკურნებაც სამედიცინო მეცნიერებას არ შეუძლია. იოანე 16:23-ში, იესო გვპირდება, „ხოლო იმ დღეს ნურაფერს მკითხავთ; ჭეშმარიტად, ჭეშმარიტად გეუბნებით თქვენ: რაც უნდა სთხოვოთ მამას ჩემი სახელით, მოგცემთ თქვენ." დაე ირწმუნეთ თქვენ უფლის საკვირველი ძალა, გულითადად ეძიეთ იგი, მიიღეთ პასუხები თქვენი დაავადების ყოველა პრობლემაზე, და გახდით მაცნე, რომელიც ავრცელებს სახარებას და ყოვლისშემძლე ცოცხალი ღმერთის არსებობას, უფლის სახელით მე გლოცავთ!

თავი 6

—— ⚜ ——

დემონით-შეპყრობილის განკურნების გზები

მარკოზი 9:28-29

როდესაც [იესო] სახლში შევიდა, მისმა მოწაფეებმა განცალკევებით ჰკითხეს: რატომ ჩვენ ვერ შევძელით მისი განდევნა? და უთხრა მათ: ამ მოდგმას ვერაფრით ვერ განდევნი, თუ არა ლოცვით და მარხვით.

უკანასკნელ დღეებში განელდება სიყვარული

თანამედროვე მეცნიერული ცივილიზაციის წინსვლამ და მრეწველობის განვითარებამ, თან მოიტანა მატერიალური კეთილდღეობა და საშუალება მისცა ადამიანებს ენახათ უფრო მეტი კომფორტი და სარგებელი. ამავე დროს, ამ ორი ფაქტორმა გაუცხოვება, უსაზღვრო ეგოიზმი, მუხთლობა და ხალხთა შორის არასრულფასოვნების კოლპლექსი გამოიწვია, და სიყვარულიც სუსტდება, როდესაც ძნელია იპოვნო გამგებიანობა და პატიება.

როგორც მათე 24:12 იწინასწარმეტყველა, „და ურჯულოების მომრავლების გამო მრავალში განელდება სიყვარული.“ იმ დროს როდესაც მანკიერება იფურჩქნება და სიყვარული ნელდება, დღესდღეობით საზოგადოების ერთ-ერთი ყველაზე სერიოზული პრობლემა არის იმ ადამიანთა რიცხვის ზრდა, რომლებიც ისეთი ფსიქიკური აშლილობით იტანჯებიან, როგორიცაა ნერვული აშლილობა და შიზოფრენია.

ფსიქიატრიული დაწესებულებები ბევრი ისეთი პაციენტის იზოლირებას ახდენენ, რომლებსაც არ შეუძლიათ ნორმალური ცხოვრებით ცხოვრება, მაგრამ მათ ჯერ სათანადო სამკურნალო საშუალება ვერ უპოვიათ. თუკი წლობით მკურნალობის შემდეგ პროგრესი არ გამოვლინდება, პაციენტის ოჯახები იქანცება და უმეტეს შემთხვევებში იგნორირებას უკეთებენ ან მიატოვებენ ხოლმე პაციენტს, როგორც ობოლს. ასეთ პაციენტებს, რომლებიც ოჯახების გარეშე

ცხოვრობენ, არ შეუძლიათ ისე ფუნქციონირება, როგორც ნორმალურ ადამიანებს. მიუხედავად იმისა, რომ მათ სჭირდებათ ნამდვილი სიყვარულის გამოვლინება თავიანთი საყვარელი ადამიანებისაგან, არც თუ ისე ბევრი ადამიანი ავლენს სიყვარულს ასეთი ინდივიდებისადმი.

ბიბლიაში ჩვენ ვხვდებით უამრავ მაგალითს, სადაც იესომ დემონით შეპყრობილ ადამიანები განკურნა. რატომაა ისინი აღწერილი საღმრთო წერილში? ვინაიდან სამყაროს დასასრული ახლოსაა, სიყვარული ნელდება და სატანა აწამებს ადამიანებს, იწვევს მათ ფსიქიკური აშლილობებით ტანჯვას, და ითვისებს მათ, როგორც ეშმაკის შვილებს. სატანა აწამებს, აავადებს, აბნევს, და ცოდვითა და ბოროტებით ხრწნის ხალხის გონებას. ვინაიდან საზოგადოება გაჟღენთილია ცოდვასა და ბოროტებაში, ადამიანები სწრაფად ავლენენ შურს, ჩხუბობენ, სძულთ და ერთი-მეორესაც კლავენ. რადგანაც ბოლო დღეები იწურება, ქრისტიანებმა უნდა შეძლონ ჭეშმარიტების სიცრუისგან გამოცალკევება, უნდა გააგრძელონ თავიანთი რწმენის დაცვა, და იცხოვრონ ფიზიკური და სულიერად ჯანმრთელი ცხოვრებით.

მოდით საფუძვლიანად გამოვარკვიოთ მიზეზი, რომლის უკანაც სატანის შეცდენა და წამებაა, ასევე სატანისა და ეშმაკისაგან შეპყრობილ ადამიანთა მზარდი რიცხვი ჩვენს თანამედროვე სამყაროში (რომელშიც მეცნიერული ცივილიზაცია ძალზედ განვითარდა), რომლებიც ფსიქიკური აშლილობით იტანჯებიან.

სატანისგან შეპყრობილად გახდომის პროცესი

ყველას აქვს საკუთარი ცნობიერება და ხალხის უმეტესობა იქცევა და ცხოვრობს საკუთარი ცნობიერების შესაბამისად, მაგრამ ყოველი ადამიანის ცნობიერება და მისგან გამომდინარე შედეგები ანსხვავებს ერთს მეორე ადამიანისაგან. ეს იმიტომ, რომ თითოეული ადამიანი დაიბადა და გაიზარდა განსხვავებულ გარემოებებსა და ვითარებაში, მშობლებისგან, სახლსა და სკოლისგან განსხვავებული ცოდნა მიიღო და მასში განსხვავებული ინფორმაცია ჩაიბეჭდა.

ერთის მხრივ, უფლის მცნება – რომელიც ჭეშმარიტია – გვეუბნება, „ნუ იძლევი ბოროტისაგან, არამედ კეთილით სძლიე ბოროტი“ (რომაელთა 12:21), და მოგვიწოდებს, „ნუ აღუდგებით წინ ბოროტს: არამედ ვინც შემოგკრას მარჯვენა ყვრიმალში, მეორეც მიუშვირე მას“ (მათე 5:39). ვინაიდან უფლის მცნებები გვასწავლის ჩვენ სიყვარულსა და შეწყნარებას, იმათ შორის, ვისაც სჯერა ამისი, გამოვლინდება ისეთი გონიერების საზომი, როგორიცაა „წაგება – მოგებაა.“ მეორეს მხრივ, თუკი ადამიანმა ისწავლა, რომ დარტყმის დროს სამაგიერო უნდა გადაუხადოს, იგი იმ აზრამდე მივა, რომელიც მას კარნახობს, რომ წინააღმდეგობის გაწევა მამაცური საქციელია, ხოლო წინააღმდეგობის თავიდან აცილება – ლაჩრობა. სამი ფაქტორი – თითოეული ადამიანის განსჯის ტიპი, იცხოვრა მან ჭეშმარიტი თუ ცრუ ცხოვრებით, და რამდენად დათმო მან სააქაო – აყალიბებს სხვადასხვაგვარ ცნობიერებას თითოეულ ადამიანში.

ვინაიდან ადამიანები განსხვავებულ ცხოვრებას ეწევიან და შესაბამისად მათი ცნობიერებაც განსხვავებულია, უფლის მტერი სატანა იყენებს ამას, რომ შეაცდინოს ხალხი იცხოვროს ცოდვილი ბუნებით, ხოლო მართალი და კეთილშობილების წინააღმდეგ იყენებს იგი ბოროტი განზრახვების შთაგონებას და ცოდვისკენ ბიძგებას.

ადამიანთა გულებში არის კონფლიქტი სულიწმინდის წადილსა – რომლითაც ისინი უფლის მცნებების მიხედვით ცხოვრობენ, და ცოდვილი ბუნების წადილს შორის – რომელიც აიძულებს ადამიანს მიენდოს ხორციელ წადილს. ამიტომაცაა რომ უფალი გალათელთა 5:16-17-ში მოგვიწოდებს, „ჰოდა, მე ვამბობ: სელიერად იარეთ და ნუ ცდილობთ აღასრულოთ ხორცის სურვილი, რადგან ხორცს სულის საპირისპიროდ სურს, სულს კი – ხორცის საპირისპიროდ; ისინი ერთმანეთს ეურჩებიან, რათა ვერ აღასრულოთ ის, რაცა გსურთ."

თუკი სულიწმინდის წადილით ვიცხოვრებთ, ჩვენ დავიმკვიდრებთ ადგილს უფლის წიაღში; ხოლო თუ დავყებით ცოდვილი ბუნების წადილს და არ ვიცხოვრებთ უფლის მცნებებით, მაშინ ჩვენ ვერ შევაღწევთ მის სასუფეველში. ამიტომაცაა, რომ უფალი გალათელთა 5:19-21-ში ქვემოთ მოყვანილს გვაფრთხილებს:

ხორცის საქმენი აშკარაა: სიძვა, უწმინდურება, აღვირახსნილობა, კერპთმსახურება, ჯადოქრობა, მტრობა, შუღლი, შური, რისხვა, აშლილობა,

მწვალებლობა, სიძულვილი, მკვლელობა, მემთვრალეობა, ღორმუცელობა და სხვა მისთანანი. წინასწარ გეტყვით, რომ ამის მოქმედნი ვერ დაიმკვიდრებენ ღვთის სასუფეველს.

მაშ, როგორ ხდებიან ადამიანები დემონებით შეპყრობილნი?

ადამიანის გონებაში, რომლის გული სავსეა ცოდვილი ბუნებით, სატანა აღძრავს ცოდვილი ბუნების საწადელს. თუკი ადამიანს არ შეუძლია გააკონტროლოს საკუთარი გონება და მისი ცოდვილი ბუნებით მოქმედებს, დანაშაულის გრძნობა ცხრება და მისი გული უფრო ბოროტდება. როდესაც ცოდვილი ბუნების ასეთი საქციელები ერთმანეთს დაემატება, საბოლოოდ ადამიანი გახდება უძლური გააკონტროლოს საკუთარი თავი, ამის ნაცვლად, იგი აკეთებს ყველაფერს, რასაც სატანა შთააგონებს მას. ასეთ ინდივიდს ეწოდება სატანით „შეპყრობილი."

მოდით მაგალითისთვის დავუშვათ, რომ არის ერთი ზარმაცი კაცი, რომელსაც მუშაობა არ უყვარს, მუშაობის ნაცვლად, მას ურჩევნია დალიოს და გაფლანგოს თავისი დრო. ასეთ ინდივიდს, სატანა წააქეზებს და აიღებს კონტროლს მის გონებაზე, რომ მან განაგრძოს სმა და საკუთარი დროის ფლანგვა იმ შეხედულებით, რომ მუშაობა ძნელია. სატანა ასევე განაშორებს მას კეთილშობილებისგან, რომელიც ჭეშმარიტებაა, წაართმევს მას ენერგიას განკარგოს საკუთარი ცხოვრება,

და გადააქცევს მას არაკომპეტენტურ და უსარგებლო პიროვნებად.

ვინაიდან იგი ცხოვრობს და იქცევა სატანის ცნობიერების მიხედვით, კაცს არ შეუძლია თავი დააღწიოს სატანას. მეტიც, ვინაიდან მისი გული უფრო ბოროტდება და მან საკუთარი თავი ბოროტ განზრახვებს მიანდო, იმის მაგივრად რომ გააკონტროლოს საკუთარი გული, იგი აკეთებს ყველაფერ იმას, რაც მას სიამოვნებას ჰგვრის. თუკი მას სურს გაბრაზდეს, იგი ბრაზდება მის დასაკმაყოფილებლად; თუკი მას ჩხუბი და დავა სურს, იმდენს იჩხუბებს და იდავებს, რამდენიც მას სურს, და თუკი სურს დალიოს, მას არ შეეძლება თავი აარიდოს დალევას. როდესაც ეს ყველაფერი დაგროვდება, განსაზღვრული წერტილიდან მას აღარ შეეძლება გააკონტროლოს საკუთარი გონება და გული და აღმოაჩენს, რომ ყველაფერი მისი სურვილების წინააღმდეგაა. ამ პროცესის შემდეგ, იგი ხდება დემონებით შეპყრობილი.

დემონით-შეპყრობილობის გამომწვევი მიზეზი

არსებობს ორი ძირითადი მიზეზი, რომელიც იწვევს სატანის მიერ შეცდენას და ამის შემდეგ დემონებით შეპყრობილობას.

1. მშობლები

თუკი მშობლებმა მიატოვეს უფალი, ადიდეს კერპები, რომლებიც უფალს სძულს და ეჯავრება, ან ჩაიდინეს რაიმე უსაზღვროდ ავი, მაშინ ბოროტი სულების ძალები მოიცავს მათ შვილებს და თუ ამას ყურადღება არ მიექცა, ისინი დემონებით შეპყრობილები გახდებიან. ასეთ შემთხვევაში, მშობლებმა უნდა მიმართონ უფალს, გულითადად მოინანიონ თავიანთი ცოდვები, გადაუხვიონ თავიანთი ცოდვილი გზიდან და შეავედრონ საკუთარი შვილები უფალს. მაშინ უფალი დაინახავს მშობლების გულის სიღრმეს და გამოავლენს მკურნალობის ძალას, და შესაბამისად დაასუსტებს უწმინდურობით შებოჭილობას.

2. საკუთარი თავი

მშობლების ცოდვების გამოისობის გარდა, შეიძლება ადამიანი შეპყრობილ იქნეს საკუთარი სიცრუის გამო, ბოროტების, ამპარტავნობის და მისთანანის ჩათვლით. ვინაიდან ინდივიდს არ შეუძლია თავისით ილოცოს და მოინანიოს, უწმინდურობით შებოჭილობა შეიძლება მოიხსნას იმ უფლის მსახურებისგან მიღებული ლოცვით, რომლებიც ავლენენ უფლის ძალას. როდესაც დემონები გამოიდევნებიან და იგი გონს მოეგება, მან უნდა შეიცნოს უფლის მცნებები, რომ მისი ერთ დროს ცოდვითა და ბოროტებით გაჟღენთილი გული განიწმინდოს და გახდეს ჭეშმარიტებით სავსე გული.

მაშასადამე, თუკი ოჯახის წევრი ან ნათესავი დემონებითაა შეპყრობილი, ოჯახმა უნდა ამოირჩიოს

ისეთი პიროვნება, რომელიც ილოცებს ასეთი ადამიანისთვის. ეს იმიტომ, რომ დემონით-შეპყრობილი ადამიანის გული და გონება იმართება დემონების მიერ და მას არ შეუძლია გააკეთოს რამე საკუთარი სურვილის შესაბამისად. მას არც ლოცვა და არც უფლის ჭეშმარიტი სიტყვის მოსმენა შეუძლია; შესაბამისად, მას არ შეუძლია ჭეშმარიტებით ცხოვრება. ამიტომ, მთელმა ოჯახმა ან ერთმა ოჯახის წევრმა სიყვარულით და მხურვალედ უნდა ილოცოს მისთვის, რომ დემონით-შეპყრობილმა ოჯახის წევრმა შეძლოს ჭეშმარიტებით ცხოვრება. როდესაც უფალი დაინახავს ამ ოჯახის სიყვარულსა და ღვთისმოსაობას, მაშინ იგი მიავლენს განკურნების ძალას. იესომ გვითხრა, რომ ჩვენი მოყვასი საკუთარი თავივით უნდა გვიყვარდეს (ლუკა 10:27). თუკი ჩვენ საკუთარი ოჯახის წევრისთვისაც კი, რომელიც დემონებითაა შეპყრობილი, არ შეგვიძლია ლოცვა და ღვთისმოსაობა, მაშ როგორ შეგვიძლია ვთქვათ, რომ ჩვენ მოყვასი გვიყვარს?

როესაც დემონით შეპყრობილი ადამიანის ოჯახის წევრები და მეგობრები აღმოაჩენენ მიზეზს, მოინანიებენ, უფლის ძალის რწმენით ილოცებენ, ილვთისმსახურებენ სიყვარულში და ჩათესავენ რწმენის თესლს, მაშინ დემონების ძალები განიდევნება და მათი საყვარელი ადამიანი გადაიქცევა მართალ ადამიანად, რომელსაც უფალი დაიცავს და დაიფარავს დემონებისაგან.

დემონით-შეპყრობილის განკურნების გზები

ბიბლიის მრავალ ადგილებში ახსნილია დემონით შეპყრობილი ადამიანების განკურნება. მოდით, განვიხილოთ თუ როგორ მიიღეს მათ განკურნება.

1. უნდა მოიგერიო დემონების ძალდატანება

მარკოზი 5:1-20-ში ჩვენ ვხვდებით კაცს, რომელიც შეპყრობილია უწმინდური სულებით. 3-4 სტროფი აღგვიწერს ამ კაცს, „რომელსაც სამყოფლად სამარხები ჰქონდა და ჯაჭვითაც არავის შეეძლო მისი დაბმა, ვინაიდან მრავალგზის შეეკრათ ჯაჭვით და ბორკილებიც დაედოთ, მაგრამ გლეჯდა ჯაჭვს, ამსხვრევდა ბორკილებს და ვერავის დაეოკებინა იგი.“ მარკოზი 5:5-7-იდან ჩვენ ასევე ვიტყობთ, „დღე და ღამ მთებსა და სამარხებში დაძრწოდა, ღრიალებდა და ქვებს ახეთქებდა თავს. შორიდან რომ მოჰკრა თვალი იესოს, გამოიქცა და თაყვანი სცა მას. შეღაღადა და შესძახა: რა ხელი გაქვს ჩემთან, იესო, ძეო მაღალი ღმრთისაო? გაფიცებ შენს ღმერთს, ნუ მტანჯავ მე!“

ეს იყო იესოს მიერ გაცემული ბრძანების „გამოდი, სულო უწმინდურო, მაგ კაცისაგან!“-ზე პასუხად ნათქვამი (სტროფი 8). ეს ეპიზოდი გვამცნობს, რომ მიუხედავად იმისა, რომ ხალხმა არ იცოდა იესო ღმერთის შვილი იყო, უწმინდურმა სულმა ზუსტად იცოდა, თუ ვინ იყო იესო და რა სახის ძალის პატრონი იყო იგი.

შემდეგ იესომ ჰკითხა, „რა გქვია სახელად?“, ხოლო დემონით შეპყრობილმა უპასუხა, „ლეგიონია ჩემი სახელი, ვინაიდან მრავალნი ვართ“ (სტროფი 9). მან

ბევრი ევედრა იესოს, რომ არ გამოეძევებინა ისინი იქიდან და შემდეგ შეევედრა მას, რომ ღორებში გაეგზავნა ისინი. იესომ იმიტომ კი არ ჰკითხა სახელი რომ არ იცოდა; მან უწმინდური სული როგორც მოსამართლემ, ისე დაკითხა. გარდა ამისა, „ლეგიონი“ აღნიშნავს, რომ კაცი ტყვედ ჰყავდათ დიდი რაოდენობის დემონებს.

იესომ ნება მისცა „ლეგიონს“ შესულიყო ღორების კოლტში, რომლებიც ტბის ციცაბო კლდეს მიაწყდა და ჩაიხრჩო. დემონების განდევნა უნდა მოვახდინოთ უფლის ჭეშმარიტი სიტყვით, რომელიც სიმბოლურად წყალს აღნიშნავს. ხალხს შეეშინდა, როდესაც მათ დაინახეს სრულებით განკურნებული, იქვე მჯდომარე, რიგიანად ჩაცმული და სრულ ჭკუაზე მყოფი კაცი, რომელსაც ადამიანები ადრე ძალის გამოყენებითაც ვერ აოკებდნენ.

როგორ შეიძლება დღესდღეობით დემონების გამოდევნა? ისინი განდევნილ უნდა იქნენ იესო ქრისტეს სახელით წყალში, რომელიც უფლის სიტყვის სიმბოლოა, ან ცეცხლში, რომელიც სულიწმინდის სიმბოლოა, რათა დემონებს ძალა გამოეცალოს. თუმცა, ვინაიდან დემონები სულიერი არსებები არიან, ისინი მხოლოდ იმ ადამიანების ლოცვის მიერ იქნებიან გამოდევნილი, რომელთაც დემონების გამოდევნის ძალა აქვთ. როდესაც რწმენის არმქონე ინდივიდი ეცდება გამოდევნოს დემონები, დემონები საპასუხოდ დასცინებენ ან არაფრად ჩააგდებენ მას. ამრიგად, იმისათვის რომ განიკურნოს დემონით შეპყრობილი ადამიანი, საჭიროა იმ ღვთის

კაცის ლოცვა, რომელსაც დემონების გამოდევნის ძალა აქვს.

თუმცაღა, ზოგ შემთხვევაში დემონები არ განიდევნებიან როდესაც ღვთის კაცი იესო ქრისტეს სახელით ცდილობს გამოდევნოს ისინი. ეს იმიტომ, რომ დემონით შეპყრობილმა ინდივიდმა ჩაიდინა მკრეხელობა ან სიტყვით შეურაცხყო სულიწმინდა (მათე 12:21; ლუკა 12:10). განკურნებას ვერ მიიღებს ისეთი დემონით შეპყრობილი ადამიანები, რომლებმაც მიიღეს ჭეშმარიტების ცოდნა და გათვითცნობიერებულად აგრძელებენ ცოდვების ჩადენას.

მეტიც, ებრაელთა 6:4-6-ში ჩვენ ვხვდებით, „რადგანაც შეუძლებელია, რომ ერთხელ უკვე განათლებულნი, რომელთაც იგემეს ციური ნიჭი და ეზიარნენ სულიწმიდას, შეიტკბეს ღვთის კეთილი სიტყვა და მომავალი საუკუნის ძალნი, მაგრამ მაინც დაეცნენ, – დიახ, შეუძლებელია, რომ ისინი კვლავ განახლდნენ სინანულისთვის, ვინაიდან კვლავინდებურად ჯვარს აცვამენ ძეს ღვთისას და ჰგმობენ.“

ახლა, როდესაც ჩვენ შევისწავლეთ ეს, ჩვენ უნდა ვუყარაულოთ საკუთარ თავს, რომ არასდროს ჩავიდინოთ ისეთი ცოდვები, რომლებზეც შენდობას ვერ მივიღებთ. ასევე ჩვენ სწორად უნდა განვსაზღვროთ შეიძლება თუ არა დემონით შეპყრობილი ადამიანის ლოცვით განკურნება.

2. შეიარაღდით ჭეშმარიტებით

მას შემდეგ, რაც დემონები გამოიდევნებიან ხალხისგან, მათ უნდა აღივსონ გულები სიცოცხლით და გულმოდგინედ იკითხონ უფლის მცნებები, უნდა ადიდონ იგი და ილოცონ. იმ შემთხვევაშიც, როცა დემონები განიდევნებიან, თუკი ადამიანები გააგრძელებენ ცოდვაში ცხოვრებას და არ აღიჭურვებიან ჭეშმარიტებით, მაშინ დემონები დაბრუნდებიან და ამჯერად, მათ თან ეხლებათ ისეთი დემონები, რომლებიც უფრო მანკიერნი არიან. უნდა გახსოვდეთ, რომ ადამიანის მდგომარეობა, ბევრად უფრო სავალალო იქნება ვიდრე ეს პირველ ჯერზე იყო, როდესაც დემონები ჩაუსახლდნენ მათ.

მათე 12:43-45-ში, იესო გვეუბნება შემდეგს:

როდესაც უწმინდური სული გამოვა კაცისაგან, უწყალო ადგილებს დაეძებს განსასვენებლად, და ვერ ჰპოვებს მას. და მაშინ იტყვის: დავბრუნდები ჩემს სახლში, საიდანაც გამოვედი; და როცა მივა, ჰპოვებს მას ცარიელს, დაგვილსა და დამშვენებულს. მაშინ წავა და მოიყვანს შვიდ სხვა სულსაც, მასზე უბოროტესს; შევა და დაემკვიდრება იქ; და ამ კაცის უკანასკნელი დღე პირველზე უარესი იქნება. იგივე დღე ელის ამ უკეთურ მოდგმასაც.

დემონებს დაუდევრობით ვერ გამოდევნი. მეტიც, მას შემდეგ რაც დემონები გამოიდევნება, იმ ადამიანის მეგობრებმა და ოჯახის წევრებმა, რომელიც დემონებით იყო შეპყრობილი, უნდა გაიგონ, რომ მას ახლა უფრო

მეტი ზრუნვა და უფრო ძლიერი სიყვარული სჭირდება, ვიდრე უწინ. მათ თავდადებით უნდა იზრუნონ მასზე და თავი შესწირონ, ასევე უნდა აღჭურვონ ჭეშმარიტებით მანამ, სანამ იგი სავსებით არ განიკურნება.

ყველაფერი შესაძლებელია მისთვის, ვისაც სჯერა

მარკოზი 9:17-27-ში მოთხრობილია იესო ქრისტეს მიერ ბოროტი სულით შეპყრობილი ბიჭის (რომელსაც მეტყველება წაურთმევია და იტანჯებოდა დამბლათი) განკურნება მას შემდეგ, რაც იესომ ამ ბიჭის მამის რწმენა დაინახა. მოდით, ძირფესვიანად შევისწავლოთ თუ როგორ მიიღო ამ ვაჟმა განკურნება.

1. ოჯახმა უნდა გამოიჩინოს თავისი რწმენა

მარკოზი 9-ში ეს ვაჟი დემონებით შეპყრობილობის გამო დაბადებიდან ყრუ და მუნჯი იყო. მას სიტყვის გაგონებაც კი არ შეეძლო და ასევე შეუძლებელი იყო მასთან კომუნიკაცია. მეტიც, რთული იყო იმის დადგენა, თუ სად და როდის ექნებოდა ადგილი ეპილეფსიის სიმპტომების გამოვლინებას. ამის გამო, მამამისი ყოველთვის შიშში და აგონიაში ცხოვრობდა, და დაკარგული ჰქონდა ყოველი იმედი ცხოვრებაში.

შემდეგ მამამ შეიტყო ამბავი ერთი გალილეელი კაცისა, რომელიც ახდენდა სასწაულებს მკვდრების აღდგენით

და კურნავდა სხვადასხვა ტიპის დაავადებებს. იმედის სხივმა დაიწყო კაცის უსასოობის გაქრა. თუკი ეს ამბები მართალი იყო, მაშინ მამას სჯეროდა რომ ეს გალილეელი კაცი, მის ვაჟის განკურნებასაც შეძლებდა თავისი ზედის გამოცდით, მამამ მიიყვანა თავისი ვაჟი იესოსთან და უთხრა მას, „არამედ რაი ძალ-გიც, შემეწიე მე!“ (მარკოზი 9:22).

როდესაც იესომ მამის გულითად თხოვნას მოუსმინა, იესომ მიუგო, „უკუეთუ ძალ-გიც“? „რწმუნებად, ყოველივე შესაძლებელ არს მორწმუნისა“ (სტროფი 23) და გაკიცხა მამა რწმენის სიმწირის გამო. მამას გაგებული ჰქონდა ამბები, მაგრამ გულით არ დაეჯერებინა. თუკი მამა დარწმუნებული იქნებოდა იმაში რომ უფლის ძე – იესო ყოვლისშემძლე და თვით ჭეშმარიტებაა, მაშინ იგი აღარ იტყოდა „თუ“-ს. იესომ მიუგო „თუკი გძალუძს“? და განკიცხა კაცი რწმენის სიმწირის გამო, ეს იმისათვის, რომ ჩვენ შევიგნოთ, რომ შეუძლებელია უფალი გავახაროთ რწმენის გარეშე და შეუძლებელია მიიღო პასუხები თუკი უმწიკვლო რწმენა არ გაქვს, რომლის მეშვეობითაც ადამიანს შეუძლია ირწმუნოს ეს.

ძირითადად, რწმენა შეიძლება დაყოფილი იქნეს ორ სახედ. – „ხორციელი რწმენა“ ან „ცოდნით მიღებული რწმენა – რაც ნიშნავს იმის რწმენას, რასაც ადამიანი ხედავს. ისეთ რწმენას, რომლითაც ადამიანს სჯერა ისეთი რამეების, რომელსაც ვერ ხედავს ეწოდება „სულიერი რწმენა“, „ჭეშმარიტი რწმენა“, „ცოცხალი რწმენა“ ან „საქმით გამოვლენილი რწმენა.“ ასეთ რწმენას შეუძლია წარმოქმნას „რაღაც“ არაფრისგან. ბიბლიის მიხედვით

რწმენის განსაზღვრა ასეთია, „ხოლო არს სარწმუნოებაჲ მოსავთა მათ ძალ, საქმეთა მამხილებელ არა-ხილულთა,“ (ებრაელთა 11:1).

როდესაც ხალხი ადამიანების მიერ განუკურნებადი სენით იტანჯებიან, ისინი შეიძლება განიკურნონ თუ მათი წადილი დაიშანთება სულიწმინდით, როდესაც ისინი თავის რწმენას გამოამჟღავნებენ და შთაგონებულ იქნებიან სულიწმინდით. თუკი რწმენით ცხოვრების დამწყები ადამიანი გახდება ავად, მას შეუძლია გამოჯანმრთელდეს როდესაც გააღებს თავის გულის კარებს, შეისმენს მცნებებს, და გამოამჟღავნებს მის რწმენას. თუკი რწმენაში მომწიფებული ქრისტიანი გახდება ავად, იგი განიკურნება თუკი იგი სინანულით გადაუხვევს თავისი ცოდვილი გზიდან.

როდესაც ხალხი მედიცინის მეცნიერების მიერ განუკურნებადი სენით იტანჯებიან, მათ ამის შესაბამისად უფრო დიდი რწმენა უნდა გამოაჩინონ. თუკი რწმენაში მოწიფული ქრისტიანი ავად გახდება, მას შეუძლია განიკურნოს თუკი იგი გააღებს თავისი გულის კარებს, მოინანიებს თავისი გულის გარდაქმნით და შესწირავს გულითად ლოცვებს. თუკი ის გახდება ავად, ვისაც მცირე რწმენა აქვს ან ურწმუნოა, იგი არ განიკურნება მანამ, სანამ არ ჩავარდება რწმენაში, და მისი რწმენის ზრდის შესაბამისად, მივლენილ იქნება განკურნების ძალა.

ინსინი, ვინც ფიზიკურად უნარშეზღუდულნი არიან, ან მათი სხეულები დეფორმირებულია ან მემკვიდრეობით მიღებული დაავადებების განკურნება შეიძლება მხოლოდ უფლის სასწაულებით. ამიტომ,

ასეთმა ხალხმა უნდა აჩვენონ უფალს თავგანწირვა და რწმენა, რომლითაც მათ ეყვარებათ უფალი და გაახარებენ მას. მხოლოდ ამის შემდეგ სცნობს უფალი მათ რწმენას და მიუვლეს მათ განკურნებას. როდესაც ხალხი უფალს მგზნებარე რწმენას უჩვენებს – ისევე როგორც ბარტიმეოსმა მოუხმო იესოს (მარკოზი 10:46-52), ისევე როგორც ასისთავმა აჩვენა იესოს მისი ღრმა რწმენა (მათე 8:5-13), და როგორც დავრდომილმა და მისმა ოთხმა მეგობარმა აჩვენა თავიანთი რწმენა და თავდადება (მარკოზი 2:3-12) – მაშინ იგი მათ განკურნავს.

შესაბამისად, ვინაიდან დემონებით შეპყრობილ ადამიანებს არ შეუძლიან უფლის ძალის გარეშე განკურნება და არ შეუძლიათ თავიანი რწმენის წარმოჩენა, იმისათვის რომ ზეციდან მიევლინოს მათ განკურნება, ოჯახის სხვა წევრებმა უნდა ირწმუნონ ყოვლისშემძლე უფლის და წარდგნენ მის წინაშე.

2. ხალხმა ისეთი რწმენა უნდა შეიძინოს, რომლითაც ისინი შეძლებენ დაჯერებას.

მამა, რომლის ვაჟიც დიდი ხნის განმავლობაში დემონით იყო შეპყრობილი, იესომ თავიდან გაკიცხა იგი მწირი რწმენის ქონის გამო. და როდესაც მან კაცს მტკიცედ უთხრა, „უკუეთუ ძალ-გიც რწმუნებად, ყოველივე შესაძლებელ არს მორწმუნისა“ (მარკოზი 9:23), მაშინ მამის ბაგეებიდან დადებითი პასუხი ამოვიდა „მე მჯერა.“ თუმცაღა, მისი რწამსი შეზღუდული იყო

ცოდნით. ამიტომაც მამამ შეევედრა იესოს „შემეწიე ურწმუნოებასა ჩემსა!“ (მარკოზი 9:24) როდესაც იესომ მამის ვედრება მოისმინა, იესომ უბოძა მას რწმენა, რითიც მას შეეძლებოდა დაეჯერებინა, რადგან იესომ იცოდა მას მორჩილი გული ჰქონდა და გულითადად ლოცულობდა.

ამის შესაბამისად, უფლის მოხმობით ჩვენ ვიღებთ ისეთ რწმენას, რომლითაც შეგვიძლიაგვწამდეს და გვჯეროდეს, ჩვენ გავხდებით ღირსნი მივიღოთ პასუხები ჩვენს პრობლემებზე და გადავაქციოთ „შეუძლებელი“ – „შესაძლებელად.“

როდესაც მამამ მიიღო ისეთი რწმენა, რომლითაც მან შეძლო დაჯერება, და როდესაც იესომ ბრძანა „მე გიბრძანებ შენ: განვედ მაგისგან და ნუღარა შეხუალ მაგისა!“, ბოროტმა სულმა დატოვა ვაჟის სხეული ღრიალით (მარკოზი 9:25-27). და როდესაც იესოს გაკიცხვის შემდეგ მამის ბაგეებმა ითხოვეს ისეთი რწმენა, რომლითაც იგი დაიჯერებდა და ისურვა უფლის ჩარევა, იესომ განსაცვიფრებელი განკურნების ძალა მოავლინა.

იესომ ასევე მიჰხედა და სავსებით განკურნა ამ მამის ვაჟი, რომელიც შეპყრობილი იყო ბოროტი სულით და რომელსაც მისგან წართმეული ჰქონდა მეტყველების უნარი, იტანჯებოდა ეპილეფსიით, რადგან იგი ხშირად ვარდებოდა ძირს, დუჟი მოსდიოდა პირზე, აღრჭიალებდა კბილებს და ხდებოდა შეურაცხადი. მაშ, არ მისცემს კი უფალი გამოჯანმრთელების ნებას და არ წარუძღვება იგი ჯანსაღი ცხოვრებისაკენ მათ, ვისაც სჯერა ყოვლისშემძლე უფლის ძალის და მისი მცნებებით

ცხოვრობენ?

მანმინის დაფუძნების მალევე, ტაძრში მოვიდა ერთი ახალგაზრდა ჭაბუკი, რომელიც სოფელ „განგ-ვონიდან“ იყო და რომელსაც ამბები გაეგო ტაძარზე. როგორც საკვირაო სკოლის მასწავლებელს და ქოროს წევრს, ახალგაზრდა კაცს ეგონა რომ უფალს ერთგულად მსახურობდა. თუმცაღა, ვინაიდან იგი ძალზე ამაყი იყო და არ განდევნა ბოროტი თავისი გულიდან, არამედ დააგროვა ცოდვები, ახალგაზრდა კაცი იტანჯებოდა, რადგან დემონი შევიდა მის უწმინდურ გულში და იწყო შიგ ბინადრობა. მისი მამის გულითადი ლოცვითა და თავდადებით, მოხდა განკურნების სასწაული. დემონის არსებობის აღმოჩენისა და მისი ლოცვის განდევნის დროს, ახალგაზრდა კაცს დუჟი გადმოსდიოდა, ტრიალებდა ზურგზე და გამოსცემდა შემაძრწუნებელ ხმებს. ამ ინციდენტის შემდეგ, ახალგაზრდა კაცის ცხოვრება განახლდა, ვინაიდან მანმინში მა თავი ჭეშმარიტებით შეიმოსა. დღესდღეობით, იგი ერთგულად მსახურობს „განგ-ვონის“ ტაძარში, შესწირავს დიდებას უფალს უამრავ ადამიანთან თავისი განკურნების მტკიცებულების გაზიარებით.

დაე გაითვითცნობიერეთ რომ უფლის ქმედების ძალა უსაზღვროა და მისით ყველაფერია შესაძლებელი, რათა როცა მოითხოვთ ლოცვით, თქვენ არა მარტო უფლის კურთხეული შვილი გახდებით, არამედ მისი რჩეული წმინდანიც, რომლის ყველა საქმეები კარგად მიდის, უფლის სახელით მე გლოცავთ!

თავი 7

———— ∽∞ ————

კეთროვანი ნაყამანის რწმენა და მორჩილება

2 მეფეთა 5:9-10, 14

მივიდა ნაყამანი თავისი ცხენებითა და ეტლით და ელისეს სახლის შესასვლელთან გაჩერდა. გაუგზავნა მოციქული ელისემ და შეუთვალა: წადი, შვიდგზის იბანე იორდანეში და გაგიახლდება ხორცი, და გაწმედილი იქნები. ჩავიდა, შვიდგზის ჩაყვინთა იორდანეში, ღვთისკაცის სიტყვისამებრ, და ჩვილი ბავშვივით განუახლდა ხორცი და განიწმიდა.

კეთროვანი სარდალი ნაყამანი

ჩვენი ცხოვრების მანძილზე, ვხვდებით დიდსა და პატარა პრობლემებს. ზოგჯერ ჩვენ ვხვდებით ისეთ უბედურებებს, რომელთა მოგვარებაც ადამიანის შესაძლებლობებს აღემატება.

ისრაელის ჩრდილოეთ ქალაქ არამიში, იყო ჯარის სარდალი სახელად ნაყამანი. იგი ქვეყნის ყველაზე კრიტიკულ დროს, მიუძღოდა ჯარს გამარჯვებისკენ. ნაყამანს უყვარდა მისი ქვეყანა და ერთგულად მსახურობდა მეფეს. მიუხედავად იმისა რომ ნაყამანს მეფე დიდად აჯილდოვებდა, სარდალი საიდუმლო ტანჯვაში იყო და სხვამ არავინ იცოდა არაფერი ამის შესახებ.

რა იყო ტანჯვის გამომწვევი მიზეზი? აყამანი იმიტომ კი არ იტანჯებოდა რომ სახელი ან დიდება აკლდა. იგი თავს უძლურად გრძნობდა და მისი კეთრის გამო, ცხოვრებაში არ ჰქონდა ბედნიერება. ეს იყო დაავადება, რომლის განკურნებაც მედიცინას მისი მოღვაწეობის დროს არ შეეძლო.

ნაყამანის დროს, ის ხალხი, რომლებიც კეთრით იტანჯებოდნენ ითვლებოდნენ როგორც უწმინდურებად. მათ აიძულებდნენ რომ ეცხოვრათ იზოლირებულად ქალაქის საზღვრებს გარეთ. ნაყამანის ტანჯვა უფრო გაუსაძლისი იყო იმიტომ, რომ ტკივილს გარდა, დაავადებას თან ახლდა სხვა პრობლემებიც.

კეთრის სიმპტომები მოიცავდა სხეულის ნაწილებს, განსაკუთრებით სახეს, ხელის და ფეხის კიდურებს, ფეხის ქუსლებს და ასევე უჩლუნგებდა გონებას. უკიდურეს შემთხვევებში ადამიანს ეწყებოდა წარბების, ხელისა და ფეხის ფრჩხილების ცვენა და მისი გარეგნობა შემზარავი ხდებოდა.

ერთ დღეს, ნაყამანმა რომელიც უკურნებადი სენით იყო დაავადებული და ვერ ცხოვრებაში ვერ ჰპოვებდა სიამოვნებას, გაიგო კარგი ამბები. ახალგაზრდა გოგოს სიტყვებით, რომელიც ისრაელიდან ტყვედ ჰყავდათ წამოყვანილი და რომელიც მის ცოლს მსახურობდა, სამარიაში იყო ერთი წინასწარმეტყველი, რომელიც ნაყამანს კეთრისაგან განკურნებდა. ვინაიდან არ არსებობდა არაფერი, რასაც იგი განკურნებისთვის არ გააკეთებდა, ნაყამანმა მოუთხრო მეფეს მისი დაავადების შესახებ და ასევე ისიც, რაც მან მოახლისგან გაიგონა. და როდესაც მეფემ გაიგო, რომ მისი ერთგული სარდალი კეთრისაგან განიკურნებოდა, იგი ეახლა სამარიაში წინასწარმეტყველს, მეფე ძალზედ დაეხმარა ნაყამანს, მან ნაყამანის შესახებ წერილიც კი მისწერა ისრაელის მეფეს.

ნაყამანმა ისრაელი დატოვა ათი ქანქარი ვერცხლით, ექვსი ათასი შეკელი ოქროთი და ათი ხელი ტანისამოსით და ასევე მეფის წერილით, რომელშიც იკითხებოდა „ამ წერილთან ერთად გიგზავნი ნაყამანს, ჩემს მორჩილს, რომ განკურნო იგი კეთრისგან" (4 მეფეთა 5:6). იმ

დროისთვის, არამი ისრაელზე ძლიერი სახელმწიფო იყო. როდესაც ისრაელის მეფემ არამიის მეფის წერილი წაიკითხა, მან ტანისამოსი შემოიხია და თქვა, „მე რა ღმერთი ვარ? რატომ მითვლის მე იგი, რომ განკვურნო ეს კაცი კეთრისგან? იცოდეთ, შემოჩენილია იგი და მიზეზს ეძებს!“ (სტროფი 7)

როდესაც ისრაელის წინასწარმეტყველმა ელისემ ეს ამბავი, იგი ეახლა მეფეს და უთხრა, „რისთვის შემოიხიე სამოსელი? მოვიდეს ჩემთან და დარწმუნდეს, რომ არის წინასწარმეტყველი ისრაელში“ (4 მეფეთა 5:8). როდესაც ისრაელის მეფემ გაგზავნა ნაყამანი ელისეს სახლში, წინასწარმეტყველი სარდალს თვითონ კი არ შეხვდა, არამედ მოციქული გაუგზავნა და შეუთვალა, „წადი, შვიდგზის იბანე იორდანეში და გაგიახლდება ხორცი, და გაწმედილი იქნები“ (4 მეფეთა 5:10).

როგორი არასასიამოვნო იქნებოდა ნაყამანისთვის როცა აღმოაჩინა, რომ ელისეს სახლთან თავისი ცხენებითა და ქარავნით მხოლოდ იმიტომ მივიდა, რომ ელისე არაკეთილგანწყობით დახვედროდა და არც კი შეხვედროდა მას? სარდალი გაბრაზდა. მას ეგონა, რომ თუკი ისრაელზე ძლიერი სახელმწიფოს ჯარის მეთაური ეახლებოდა მას, წინასწარმეტყველი უცილობლივ კეთილად მიიღებდა და ხელებს დააწყობდა მას. ამის მაგიერ, ნაყამანმა ცივი დახვედრა მიიღო წინასწარმეტყველიდან და შემოუთვალეს რომ

გაბანულიყო ერთ პატარა და ჭუჭყიან მდინარეში, რომელსაც იორდანე ერქვა.

გაბრაზებული ნაყამანი სახლისაკენ დაბრუნებას ფიქრობდა და ამბობდა „აჰა, ვიფიქრე, გარეთ გამოვა, დადგება და უფლის, თავის ღვთის სახელს ახსენებს, ადგილზე დამადებს ხელს და კეთრისგან განმკურნავს-მეთქი. განა დამასკოს მდინარეები აბანა და ფარფარი ისრაელის ყველა მდინარეს არ სჯობია? განა იქ ვერ ვიბანებ და ვერ განვიწმიდები?" (4 მეფეთა 5:11-12) როდესაც იგი სახლისაკენ გამგზავრებას აპირებდა, ნაყამანის მსახურმა სთხოვა მას. „ჩემო მამავ! საძნელო რამე რომ მოეთხოვა შენგან მაგ წინასწარმეტყველს, ხომ შეასრულებდი? მით უმეტეს, როცა გეუბნება: იბანე და განიწმიდებიო!" (სტროფი 13) მათ მოუწოდეს თავის ბატონს დაჰმორჩილებოდა ელისეს მითითებებს.

რა მოუვიდა ნაყამანს, როდესაც მან შვიდგზის ჩაყვინთა მდინარე იორდანეში, როგორც ეს ელისემ მიუთითა? ჩვილი ბავშვივით განუახლდა ხორცი და განიწმიდა. კეთრი, რომელიც ნაყამანის ასეთ ტანჯვას იწვევდა, სრულებით განიკურნა. როდესაც ნაყამანის ღვთის კაცის დამორჩილებით, ადამიანისგან უკურნებადი სენით სავსებით განიკურნა, სარდალმა შეიცნო ცოცხალი ღმერთი და ღვთის კაცი ელისე.

როდესაც ნაყამანმა ცოცხალი ღმერთის – კეთრის მკურნალი ღმერთის – ძალა განიცადა, იგი ელისესთან

დაბრუნდა და აღიარა, „აჰა, დავრწმუნდი, რომ მთელს ქვეყანაზე მხოლოდ ისრაელშია ღმერთი. ახლა, მიიღე საჩუქარი შენი მორჩილისგან.“ მაგრამ ელისემ მიუგო: ვფიცავ უფალს, რომლის წინაშეც ედგავარ, თუ მივიღო. აიძულებდა აღებას, მაგრამ არ დაჰყვა. ნაყამანმა მიუგო, „თუ ასეა, მიეცეს შენს მორჩილს იმდენი მიწა, რამდენსაც წყვილი ვირი წაიღებს, რომ ამიერიდან უფლის გარდა სხვა ღმერთებს არ შესწიროს მსხვერპლი შენმა მორჩილმა.“ და დიდება შესწირა უფალს (2 მეფეთა 5:15-17).

ნაყამანის რწმენა და საქციელი

მოდით განვიხილოთ ნაყამანის რწმენა და ქმედება, რომელიც შეხვდა მკურნალ უფალს და განიკურნა უკურნებელი დაავადებისაგან.

1. ნაყამანის კეთილშობილური ცნობიერება

ზოგიერთი ადამიანი მზადაა დაუჯეროს სხვის სიტყვებს, როდესაც მეორეს მხრივ ზოგიერთი განუწყვეტლივ ეჭვობს და არ ენდობა სხვებს. ვინაიდან ნაყამანს კეთილშობილური ბუნება ჰქონდა, იგი კი არ უგულვებელყოფდა სხვა ადამიანის სიტყვებს,

არამედ კეთილად მიიღებდა მათ. მან შეძლო ისრაელში ჩასვლა, ელისეს მითითებებზე დამორჩილება და მიიღო განკურნება, იმიტომ რომ მან მისი ცოლის მსახური გოგონას სიტყვები კი არ უგულვებელყო, არამედ მოწიწებით დაუგდო ყური და დაუჯერა მათ. როდესაც ამ ისრაელიდან ტყვედ წამოყვანილმა გოგონამ მიუგი მის ცოლს, „ნეტავ მისულიყო ჩემი ბატონი წინასწარმეტყველთან სამარიაში, ხომ განკურნავდა კეთრისგან" (სტროფი 5). ნაყამანმა დაუჯერა მას. წარმოიდგინეთ თქვენი თავი ნაყამანის ადგილზე. რას იზამდით? მთლიანად მიიღებდით მის სიტყვებს?

თანამედროვე მედიცინის მიღწევების მიუხედავად, დღესდღეობით უამრავი დაავადებაა, რომელთაც წინააღმდეგაც მედიცინა უძლურია. როგორ ფიქრობთ, რამდენი ადამიანი დაგიჯერებთ, თუკი ეტყვით მათ, რომ უკურნებელი სენისგან უფლისმიერ ან ლოცვით განიკურნეთ? ნაყამანმა დაუჯერე ახალგაზრდა გოგონას სიტყვებს, ეახლა მის მეფეს ნებართვისთვის, წავიდა ისრაელში და მიიღო კეთრისაან განკურნება. სხვა სიტყვებით, ნაყამანს კეთილშობილური ცნობიერება ჰქონდა, მან შეძლო პატარა გოგონას სიტყვები მიიეღო, როდესაც მან დამოძლვრა ნაყამანი და ემოქმედა ამის შესაბამისად. ჩვენ უნდა გავათვითცნობიეროთ, რომ ჩვენ მხოლოდ იმ შემთხვევაში მივიღებთ პასუხებს ჩვენს პრობლემებზე, როდესაც სახარების ქადაგების

დროს, ვირწმუნებთ ქადაგებას და უფლის წინაშე ისე წარვდგებით, როგორც ნაყამანი.

2. ნაყამანმა განდევნა მისი ზრახვები

როდესაც ნაყამანი თავისი მეფის დახმარებით ისრაელში ჩავიდა და ელისეს სახლთან მივიდა, წინასწარმეტყველისგან, რომელსაც კეთრის განკურნება შეეძლო, მან ცივი დახვედრა მიიღო. იგი აშკარად გაბრაზდა როცა ელისემ, რომელსაც ურწმუნო ნაყამანის თვალში არც სახელი და არც სოციალური სტატუსი არ ჰქონდა, კეთილგანწყობით არ მიიღო არამთა მეფის ერთგული მსახური, და მოციქულის მეშვეობით შეუთვალა ნაყამანს განებანა თავი იორდანეს მდინარეში შვიდჯერ. ნაყამანი გაბრაზებული იყო იმიტომ, რომ იგი პირადად არამის მეფეისგან იყო გაგზავნილი. მეტიც, ელისემ ხელიც კი არ შეახო მას, ამის მაგიერ მან შეუთვალა ნაყამანს, რომ მას განწმენდა შეეძლო პატარა და ჭუჭყიან მდინარე იორდანეში განბანვით.

ნაყამანი გაბრაზდა ელისეზე და წინასწარმეტყველის ქმედებაზე, რომლის გაგებაც მას თავისი ჭკუით არ შეეძლო. მან დააპირა სახლისაკენ გამგზავრება იმის ფიქრით, რომ მის ქვეყანაში უამრავი სხვა დიდი და სუფთა მდინარეები იყო და თუკი მათში განიბანებოდა, იგი განიწმინდებოდა. იმ მომენტში, ნაყამანის მსახურებმა

მოუწოდეს მის ბატონს, რომ დამორჩილებოდა ელისეს ინსტრუქციებს და ჩაეყვინთა მდინარე იორდანეში.

ვინაიდან ნაყამანს კეთილშობილური ცნობიერება ჰქონდა, სარდალი თავისი განზრახვით კი არ მოიქცა, არამედ გადაწყვიდა დამორჩილებოდა ელისეს ინსტრუქციებს, და გასწია იორდანესკენ. ნაყამანის მსგავსი სოციალური სტატუსის მქონე ადამიანთა შორის, რამდენი მოინანიებდა და დაემორჩილებოდა თავიანთი მსახურების ან მათზე დაბლა მდგომი ადამიანების მოწოდებას?

როგორც ესაია 55:8-9-ში ვხვდებით, „რადგან ჩემი ზრახვები არ არის თქვენი ზრახვები და ჩემი გზები არ არის თქვენი გზები, ამბობს უფალი. რადგან როგორც ცა არის მაღალი მიწაზე, ასევე მაღალია ჩემი გზები თქვენს გზებზე და ჩემი ზრახვები თქეენს ზრახვებზე“, როდესაც ჩვენ ადამიანთა აზრებსა და თეორიებს ვეჭიდებით, მაშინ ვერ შევძლებთ უფლის სიტყვაზე დამორჩილებას. მოდით, გავიხსენოთ მეფე საულის დასასრული, რომელიც ეურჩა უფალს. როდესაც ჩვენ ადამიანის აზრებს ვეკვრებით და არ ვემორჩილებით უფლის ნებას, ეს არის ურჩი საქციელი, და თუკი ჩვენ ვერ გავათვითცნობიერებთ ჩვენს ურჩობას, უნდა გვახსოვდეს რომ უფალი მიგვატოვებს და უარს იტყვის ჩვენზე, როგორც მეფე საული დატოვა მან.

1 სამუელი 15:22-23-ში ჩვენ ვკითხულობთ, „უთხრა

სამუელმა: განა ისევე ეამება უფალს აღსავლენი მსხვერპლი და საკლავები, როგორც მოსმენა უფლის სიტყვისა? მოსმენა უკეთესია საკლავზე, მორჩილება – ცხვრების ლურთებზე. რადგან ერთი ცოდვაა ჯადოქრობა და ურჩობა, ერთი ცოდვაა კერპთაყვანისმცემლობა და სიჯიუტე რაკიღა მოიძულე უფლის სიტყვა, ისიც მოიძულებს შენს მეფობას." ნაყამანი კარგად დაფიქრდა და გადაწყვიტა განედევნა საკუთარი ზრახვები და დაჰყოლოდა ელისეს – ღვთის კაცის – ინსტრუქციებს.

ამის გათვალისწინებით, ჩვენ უნდა გვახსოვდეს, რომ თუკი ჩვენ ურჩ გულებს მოვიშორებთ და გადავაქცევთ მათ მორჩილ გულებად უფლის ნების შესაბამისად, მაშინ შევძლებთ გულის საწადელთა მიღწევას.

3. ნაყამანი დაჰმორჩილდა წინასწარმეტყველის სიტყვებს

ელისეს ინსტრუქციების დაყოლით, ნაყამანი ჩავიდა მდინარე იორდანეში და განიბანა. არსებობდა უფრო ფართე და სუფთა მდინარეები ვიდრე იორდანე იყო, მაგრამ ელისას ინსტრუქციას წასულიყო და განბანულიყო იორდანეში, სულიერი დატვირთვა ჰქონდა. მდინარე იორდანე ხსნის სიმბოლოა, რადგან წყალი აღნიშნავს უფლის სიტყვას, რომელიც განწმენდს ადამიანის ცოდვებს და საშუალებას აძლევს მათ მიიღონ ხსნა (იოანე

4:14). ამიტომაც სურდა ელისეს, რომ ნაყამანს მდინარე იორდანეში – რომელიც მას ხსნისკენ წარუძღვებოდა – განებანა. არ აქვს მნიშვნელობა თუ რაოდენ დიდი და სუფთა შეიძლება სხვა მდინარეები იყოს, ისინი არ წარუძღვებიან ადამიანს ხსნის გზისკენ, და არაფერი არ აქვთ საერთო უფალთან და ამიტომაც უფლის საქმენი ვერ გამოვლინდება ასეთ წყლებში.

იოანე 3:5-ში იესო გვეუბნება, „ჭეშმარიტად, ჭეშმარიტად გეუბნები შენ: ვინც არ დაიბადება წყლისა და სულისაგან, ვერ შევა ღმრთის სასუფეველში." მდინარე იორდანეში განბანვით ნაყამანს გამოუჩნდა გზა, რომელიც მიაღებინებდა მას ცოდვების შენდობას და ხსნას, და შეახვედრებდა ცოცხალ უფალთან.

რატომ უთხრეს ნაყამანს რომ შვიდჯერ განბანულიყო? რიცხვი „7" არის რიცხვი, რომელიც სიწმინდის სიმბოლოა. შვიდჯერ განბანვის მითითებით, ელისა ეუბნებოდა ნაყამანს მიეღო პატიება მისი ცოდვებისთვის და მთლიანად შეეცნო უფლის მცნებები. მხოლოდ უფლის ნებით, რომლისთვისაც ყველაფერი შესაძლებელია, მოხდება განკურნების ძალის გამოვლინება და განიკურნება უკურნებელი სენები.

შედეგად ჩვენ ვისწავლეთ, რომ ნაყამანმა მიიღო კეთრისაგან განკურნება, რომლის წინააღმდეგ მედიცინა და ადამიანის შესაძლებლობა უძლური იყო, იმიტომ, რომ იგი დაემორჩილა წინასწარმეტყველის სიტყვას.

ეს ციტატები თვალნათლივ გვაუწყებს ჩვენ, „რადგანაც ღვთის სიტყვა ცოცხალია, ქმედითი და ყოველგვარ ორლესულ მახვილზე უფრო ბასრი, ასე რომ, თვით სამშვინველისა და სულის, სახსართა და ძვლის ტვინის გაყოფამდე აღწევს, და განიკითხავს გულის ზრახვებსა თუ აზრებს. არ არსებობს ქმნილება, დაფარული რომ იყოს მისთვის. არამედ ყველაფერი გაშიშვლებული და გაცხადებულია მის თვალთა წინაშე, ვისაც ვაბარებთ ანგარიშს“ (ებრაელთა 4:12-13).

ნაყამანი წარუდგა უფალს, რომლისთვისაც არაფერია შეუძლებელია, განდევნა საკუთარი ზრახვანი, მოინანია და დაემორჩილა მის სურვილს. ნაყამანმა შვიდჯერ ჩაყვინთა მდინარე იორდანეში, უფალმა დაინახა მისი რწმენა, განკურნა კეთრისაგან, და ნაყამანის ჩვილი ბავშვივით განუახლდა ხორცი და განიწმიდა.

იმის თვალნათლივ ჩვენებით, რომ კეთრის განკურნება მხოლოდ უფლის ძალით იყო შესაძლებელი, უფალი გვაუწყებს, რომ ნებისმიერი უკურნებელი სენის განკურნება შესაძლებელია, თუკი მას ისეთი რწმენით შევევედრებით, რომელსაც თან ახლავს საქმე.

ნაყამანი დიდებას სწირავს უფალს

მას შემდეგ, რაც ნაყამანი კეთრისაგან განიკურნა, იგი

დაბრუნდა ელისესთან და აღიარა, „აჰა, დავრწმუნდი, რომ მთელს ქვეყანაზე მხოლოდ ისრაელშია ღმერთი. ახლა, მიიღე საჩუქარი შენი მორჩილისგან“ (2 მეფეთა 5:15-17). და შესწირა დიდება უფალს.

ლუკა 17:11-19-ში არის ეპიზოდი, რომელშიც იესოს ხვდება ათი კაცი და იკურნებიან კეთრისგან. და მაინც, მხოლოდ ერთი მადგანი დაბრუნდა იესოსთან უფლის ხმამაღალი დიდებით, დაეცა იგი იესოს ფეხებთან და უმადლიდა მას. მე-17-მე-18 სტროფში იესომ ჰკითხა კაცს, „განა ათივე არ განიწმინდა? სადღა არიან ცხრანი? არც ერთი არ მობრუნებულა ღმერთის სამადლობლად, ამ უცხო თესლის გარდა.“ მომდევნო მე-19 სტროფში, მან მიუგო ამ კაცს, „ადექ და წადი! შენმა რწმენამ გადაგარჩინა.“ თუკი უფლის ძალით მივიღებთ განკურნებას, ჩვენ მარტო დიდება კი არ უნდა შევსწიროთ, იესო ქრისტე და ხსნის გზა კი არ უნდა მივიღოთ, ასევე უნდა ვიცხოვროთ უფლის მცნებებით.

ნაყამანს ისეთი რწმენა და საქციელი ჰქონდა, რომლითაც მან შეძლო მისი დროისთვის უკურნებელი სენისგან განკურნება. მას ისეთი კეთილშობილური ცნობიერება ჰქონდა, რომ დაუჯერა ტყვედ აყვანილი მსახური გოგონას სიტყვას. მას ისეთი სახის რწმენა ჰქონდა, რომლითაც მან წინასწარმეტყველის ხლებისთვის ძვირფასი ძღვენი მოამზადა. მან გამოაჩინა მორჩილებითი

ქმედება, მიუხედავად იმისა რომ წინასწარმეტყველი ელისეს ინსტრუქციები, არ ემთხვეოდა მის აზრებს.

მთავარსარდალი ნაყამანი, ერთ დროს უკურნებელი სენით იტანჯებოდა, მაგრამ მისი სნეულების მეშვეობით იგი მივიდა და შეხვდა ცოცხალ უფალს და განიცადა საკუთარ თავზე უფლის განკურნების ძალა. ნებისმიერ, ვინც წარდგება ყოვლისშემძლე უფლის წინაშე და უჩვენებს მას რწმენას და საქმებს, იგი მიიღებს პასუხებს ყველა მის პრობლემაზე, რაც არ უნდა ძნელად მოსაგვარებელი იყვნენ ისინი.

დაე მიიღეთ ძვირფასი რწმენა, საქმით გამოაჩინეთ რწმენა, მიიღეთ პასუხი ყოველ ცხოვრებისეულ პრობლემებზე, და გახდით უფლის მადიდებელი კურთხეული წმინდანი, უფლის სახელით მე გლოცავთ!

ავტორი:
დოქტორი ჯაეროკ ლი

დოქტორი ჯაეროკ ლი დაიბადა 1943 წელს მუანში, ჯეონამის პროვინცია, კორეის რესპუბლიკა. მის ოციან წლებში დოქტორი ლი იტანჯებოდა სხვადასხვა განუკურნებელი დაავადებებით შვიდი წლის განმავლობაში და ელოდებოდა სიკვდილს გამოჯანმრთელების იმედის გარეშე. ერთ დღს 1974 წლის გაზაფხულს როგორღაც მისმა დამ წაიყვანა ეკლესიაში და როდესაც იგი სალოცავად დაიჩოქა ცოცხალმა ღმერთმა მაშინვე განკურნა ყველა დაავადებისაგან.

ამის შემდეგ დოქტორი ლი შეხვდა ცოცხალ ღმერთს გასაოცარი გამოცდილებიდან, მას უფალი მთელი გულით უყვარს და 1978 წელს ღმერთმა მას თავისი მსახური უწოდა. იგი გულმოდგინებით ლოცულობდა, რათა გარკვევით გაეგო უფლის ნება, მთლიანად შეესრულებინა იგი და დამორჩილებოდა უფლის ყოველ სიტყვას. 1982 წელს მან დააარსა მანმინის ცენტრალური ეკლესია სეულში, კორეაში და უფლის ურიცხვი სასწაულები, ზებუნებრივი განკურნებების ჩათვლით, ხდება მის ეკლესიაში.

1986 წელს დოქტორი ლი იკურთხა პასტორად კორეაში იესოს სუნგკიულის ეკლესიაში ყოველწლიურ ასამბლეაზე და ოთხი წლის შემდეგ, 1990 წელს მისი მისი ქადაგებების გაშვება დაიწყო ავსტრალიაში, რუსეთში, ფილიპინებში და და სხვა შორეული აღმოსავლეთის სამაუწყებლო კომპანიების, აზიის სამაუწყებლო სადგურის და ვაშინგტონის ქრისტიანული რადიო სისტემის ეთერში.

სამი წლის შემდეგ, 1933 წელს მანმინის ცენტრალური ეკლესია არჩეულ იქნა ერთ-ერთ „მსოფლიოს საუკეთესო 50 ეკლესიაში“ ქრისტიანული მსოფლიო ჟურნალის (ამერიკის შეერთებული შტატები) მიერ და მიიღო საპატიო ღვთისმეტყველების დოქტორის ხარისხი ქრისტიანული რწმენის კოლეჯისაგან, ფლორიდა, ამერიკის შეერთებული შტატები და 1996 წელს კი PhD სამღვდელოებაში კინგსვეის თეოლოგიური სემინარიიდან, აიოვა, ამერიკის შეერთებული შტატები.

1993 წლის შემდეგ დოქტორმა ლიმ დაიწყო მსოფლიოს მისიის ხელმძღვანელობა ბევრი საზღვარგარეთული მისიებით ტანზანიაში, არგენტინაში, ლოს ანჯელესში, ბალტიმორის ქალაქში, ჰავაიზე, ნიუ-იორკში, უგანდაში, იაპონიაში, პაკისტანში, კენიაში, ფილიპინებში,

ჰონდურასში, ინდოეთში, რუსეთში, გერმანიაში, პერუში, კონგოში და ისრაელში. 2002 წელს მთავარმა ქრისტიანულმა გაზეთმა კორეაში მას უწოდა „მსოფლიოს პასტორი“ სხვადასხვა საზღვარგარეთულ დიდ გაერთიანებულ ლაშქრობებში მისი სამუშაოსთვის.

2011 წლის ივლისისათვის მანმინის ცენტრალურ ეკლესიას ყავს 120 000-ზე მეტი მრევლი. არსებობს 9000 ფილიალი ეკლესიები მსოფლიოს გარშემო და ჯერჯერობით 137-ზე მეტ მისიონერს აქვს დავალებული 23 ქვეყანა ამერიკის შეერთებული შტატების, რუსეთის, გერმანიის, კანადის, იაპონიის, ჩინეთის, საფრანგეთის, ინდოეთის, კენიის ჩათვლით.

ამ გამოქვეყნების დღიდან დოქტორი ჯაეროკ ლის დაწერილი აქვს 63 წიგნი ბესტსელერების ჩათვლით: საუკუნო სიცოცხლის დაგემოვნება სიკვდილამდე, ჩემი ცხოვრება ჩემი რწმენა I და II, ჯვრის მოწოდება, რწმენის ზომა, ზეცა I და II, ჯოჯოხეთი და უფლის ძალა. მისი ნამუშევრები თარგმნილია 67 ენაზე.

მისი ქრისტიანული სვეტები ჩნდება ჰანკოკ ლიბოში, ჯონგანგის ყოველდღიურ გაზეტში, დონგ–ა ლიბოში, მუნვა ლიბოში, სეულის შინმუნში, კიუნგიანგ შინმუნში, ჰანკიორე შინმინში, კორეის ეკონომიკურ ყოველდღიურ გაზეთში, კორეის ჰერალდში, შისას ახალ ამბებში და ქრისტიანულ პრესაში.

დოქტორი ლი ამჟამად უამრავი მისიონერული ორგანიზაციის და ასოციაციების ლიდერია, მათ შორის გაერთიანებული კორეის წმინდა ეკლესიის თავმჯდომარე, გაერთიანებული უწმინდესობის იესო ქრისტეს ეკლესია; მანმინის მსოფლიო მისიის პრეზიდენტი; მსოფლიოს ქრისტიანობის აღორძინების მისიის ასოციაციის მუდმივი პრეზიდენტი; მანმინის ტელევიზიის დამაარსებელი; გლობალური ქრისტიანული ქსელის (GCN) დამაარსებელი და თავმჯდომარე; მსოფლიოს ქრისტიანული ექიმების ქსელის (WCDN) დამაარსებელი და თავმჯდომარე; და მანმინის საერთაშორისო სემინარიის (MIS) დამაარსებელი და თავმჯდომარე.

სხვა ძლიერი წიგნები იგივე ავტორისგან

ზეცა I და II

მტკიცებულებების მემუარები დოქტორ ჯაეროკ ლისგან, რომელიც ხელახლა დაიბადა და სიკვდილის ჩრდილს გადაურჩა და უძღვება სრულყოფილ სამაგალითო ქრისტიანულ ცხოვრებას.

ჩემი ცხოვრება, ჩემი რწმენა I და II

ყველაზე არომატული სულიერი სურნელება გაიყოფა სიცოცხლისაგან, რომელიც უზადლო ღმერთის სიყვარულით არის აყვავებული, ბნელი ტალღების შუაგულში, ცივი უღელი და ყველაზე ღრმა სასოწარკვეთილება.

საუკუნო სიცოცხლის დაგემოვნება სიკვდილამდე

მტკიცებულებების მემუარები დოქტორ ჯაეროკ ლისგან, რომელიც ხელახლა დაიბადა და სიკვდილის ჩრდილს გადაურჩა და უძღვება სრულყოფილ სამაგალითო ქრისტიანულ ცხოვრებას.

რწმენის საზომი

რა ტიპის საცხოვრებელი ადგილი, გვირგვინი და კილდო არის მომზადებული შენთვის სამოთხეში? ეს წიგნი უზრუნველყოფს სიბრძნეს და წინამძღოლობას, რათა გაზომო შენი რწმენა და დახვეწო საუკეთესო და მოწიფული რწმენა.

ჯოჯოხეთი

სერიოზული მოწოდება უფლისგან კაცობრიობისათვის, რომლებსაც არ სურთ არცერთი სულის ჯოჯოხეთის ცეცხლში ჩაგდება! შენ აღმოაჩენ ადრე არასოდეს გამოვლენილ ქვედა ჰადესის და ჯოჯოხეთის რეალურ სისასტიკეს.

www.ingramcontent.com/pod-product-compliance
Lightning Source LLC
LaVergne TN
LVHW052048070526
838201LV00086B/5074
9791126311583